PEDRO MASTROBUONO

O LEGADO DE SANTOS DUMONT

UM VOO SOBRE AS INTENCIONALIDADES COMPLEXAS NO ACERVO DO PAI DA AVIAÇÃO

7 **APRESENTAÇÃO**
Lisbeth Rebollo Gonçalves

11 **PREFÁCIO**
Brigadeiro Maurício Carvalho Sampaio

13 **Introdução**

O LEGADO DE SANTOS-DUMONT
31

33 Seguindo o caminho das coleções

49 Análises a partir da biografia de objetos

83 Considerações finais

91 Referências

FOTOBIOGRAFIA
97

ÓPERA
169

Santos Dumont – quando o coração voa
Alexandre Guerra

211 AGRADECIMENTOS

211 CRÉDITOS

APRESENTAÇÃO

Este livro de Pedro Mastrobuono sobre Santos Dumont motiva o leitor a ampliar seu conhecimento sobre o "Pai da Aviação", não só porque retoma importantes informações a respeito de sua trajetória, mas também porque introduz às principais fontes documentais existentes sobre este personagem-chave na história da aviação.

Mastrobuono desafia-se a construir um catálogo (*catalogue raisonné*) com dados de identificação de objetos e documentos referentes a este personagem histórico, existentes, em âmbito internacional, em arquivos institucionais e de colecionadores. Um trabalho hercúleo, que demonstra sua veia de pesquisador. Revela, também, sua inquietude em torno da história e preservação dos acervos culturais, enquanto fontes de consulta.

No livro sobre Alberto Santos Dumont, o autor nos apresenta as fontes como "micro terrenos" da cultura, que dão testemunho das realizações de Dumont e de sua presença na vida moderna do século XX. Assim, Mastrobuono, com seu texto, desbrava um campo de fontes documentais e nos abre caminho para acessar uma enorme quantidade de objetos e documentos existentes nos arquivos que localizou, ao longo de um ano de pesquisa. Este trabalho resulta do projeto para a realização de seu pós-doutorado. Comenta, não só o modo como estão organizados os arquivos, mas também a maneira como vem sendo feito e atualizado este trabalho nas instituições, dando-nos, portanto, uma visão do *estado da arte* dos cuidados com este patrimônio cultural.

A observação de modos de guardar, classificar, os métodos de preservar objetos e documentos constitui, portanto, um campo de seu interesse, neste trabalho de pesquisa. Um ponto muito importante são os argumentos voltados para a aplicação das novas tecnologias digitais na tarefa de documentação de arquivos. Mastrobuono reflete sobre a relevância da expansão estruturada de arquivos online, para favorecer um amplo acesso internacional às fontes e ter um fluxo ágil de informação para o desenvolvimento de estudos culturais. Com uma base de dados digital, o material armazenado permite realizar estudos, internacionalmente, promovendo a difusão cultural e o conhecimento sobre os temas em pesquisa. As novas tecnologias, aplicadas aos arquivos, mantém mais "vivos" os acervos históricos.

Desta forma, autor nos leva a compreender que uma melhor dinâmica para o acesso aos documentos, facilita e estimula a pensar na "biografia cultural dos objetos". Ele nos diz que a facilidade de acesso aos documentos em acervos digitalizados favoreceu a organização deste catálogo *raisonné*.

O presente livro nos traz os esforços de quem "vasculhou" à exaustão as informações disponíveis sobre Santos Dumont. Vai nos permitir adentrar à complexidade deste acervo, traçar a "biografia" dos objetos e revelar o personagem.

O livro surge num momento importante: as comemorações dos 150 do nascimento do Pai da Aviação.

Quem sabe, seu trabalho, de minuciosa pesquisa, motive a realização de uma grande mostra que reconstitua a trajetória e os feitos de Santos Dumont, atualizando o conhecimento deste personagem!

Pedro Mastrobuono tem formação em antropologia e experiencia em lidar com coleções, tendo já realizado catálogos *raisonnés* da obra de artistas visuais como Volpi e Leonilson, catálogos que contribuíram para o conhecimento da produção e trajetória destes artistas visuais e que motivaram pesquisas e exposições.

Entre as muitas contribuições profissionais do autor estão a presidência da AAMAC – Associação dos Amigos do Museu de Arte Contemporânea da USP, a presidência do IBRAM- Instituto Brasileiro de Museus, só para destacar seu trabalho no campo da arte e da cultura. É, atualmente, o Diretor-Presidente da Fundação Memorial da América Latina. Seu programa de ação visa colocar em destaque a missão do Memorial, segundo o projeto originário, elaborado por Darcy Ribeiro: quer ver o Memorial, cada vez mais, como uma instituição de referência histórica, cultural e acadêmica de integração da América Latina, com um sólido programa de ação educacional.

Com entusiasmo, convido-os a ler este livro de Pedro Mastrobuono resultado da experiência pós-doutoral na Universidade Federal de Mato Grosso do Sul.

Lisbeth Rebollo Gonçalves
Professora Titular aposentada da Universidade de São Paulo
Presidente Honorária da Associação Internacional de Críticos de Arte

PREFÁCIO

Na vasta literatura sobre Alberto Santos Dumont (1873-1932), a publicação de um estudo que compreenda dados e características sobre os bens culturais legados por ele constituirá, sempre, motivo para interesse e comemoração.

Há 150 anos nascia Santos Dumont, um dos maiores inventores brasileiros, considerado um dos precursores da aviação. A trajetória de vida do Pai da Aviação e patrono da Força Aérea Brasileira (FAB) está constantemente inspirando novas pesquisas.

A sua genialidade e importância que tanto contribuiu para o avançar da tecnologia e da ciência, torna a sua obra um objeto que mereça ser divulgado e protegido efetivamente pelo ponto de vista do nosso patrimônio cultural.

Antes mesmo da concepção do Ministério da Aeronáutica, já se acreditava que a criação de um museu aeronáutico ajudaria a defender o pioneirismo de Santos Dumont, que, no início do século XX, realizou o primeiro voo de um objeto mais pesado que o ar em Paris. Naquela época, os entusiastas da aviação sentiam falta de um local adequado para a guarda e preservação da documentação histórica relacionada ao assunto. Algo que veio a se concretizar algumas décadas depois.

Um dos méritos, e não o menor, da exaustiva pesquisa e profundo trabalho acadêmico de pós-doutorado de Pedro Machado Mastrobuono é precisamente nos oferecer, por meio de um olhar antropológico, uma ampla reflexão sobre os bens culturais produzidos por Santos Dumont dispersos por coleções públicas e privadas. Além disso, o autor logra avaliar, sob a ótica dos mecanismos administrativos de proteção do patrimônio cultural, os bens a serem protegidos.

Que o leitor desfrute de todo o conteúdo e ao final da leitura, este trabalho sirva de ponto de partida para novos trabalhos acadêmicos e contribua de modo marcante para o enriquecimento cultural e para a preservação do patrimônio cultural aeronáutico do país.

Brigadeiro Maurício Carvalho Sampaio
Diretor do Museu da Aeronáutica

INTRODUÇÃO

B"H

arcy Ribeiro foi ministro da Educação durante o Regime Parlamentarista do governo do presidente João Goulart (18 de setembro de 1962 a 24 de janeiro de 1963) e chefe da Casa Civil entre 18 de junho de 1963 e 31 de março de 1964. Nesse período, um jovem engenheiro era seu colega em Brasília, integrando esse mesmo governo, incialmente, como Chefe de Gabinete do Ministério de Viação e Obras Públicas. Pouco tempo depois, o precoce especialista em transporte, de nome Marco Antônio, alçou o cargo de ministro interino, tendo sido o brasileiro mais jovem a exercer funções ministeriais no país, com apenas 28 anos de idade.

Marco Antônio era professor licenciado (para exercer funções ministeriais) da Escola Politécnica da Universidade de São Paulo (USP). Seu pai, Miguel, também professor da mesma Politécnica, havia sido seu professor, não só na USP, mas desde o ensino médio, onde ministrava cursos de Francês, Latim e Grego Clássico. Um fato inusitado unia, ainda mais, pai e filho. Quando Marco Antônio se preparava para cursar engenharia, seu pai, Miguel, decidiu fazer vestibular para o curso de Direito. Assim, ambos estudaram juntos, prestaram vestibular juntos e foram aprovados juntos.

Eram, concomitantemente, professor e aluno na Escola Politécnica, mas também ambos calouros uspianos (Marco Antônio na Poli e Miguel na São Francisco). Dois homens absolutamente ávidos por cultura, que consumiam metros cúbicos de leitura diária. Miguel, além de professor na Politécnica-USP, advogado pela São Francisco-USP, era também formado em Letras Clássicas pela PUC/SP e havia alcançado o primeiro lugar em concurso de língua francesa promovido pela Universidade Sobornne.

Marco Antônio, por sua vez, ávido conhecedor de sociedades pré--colombianas, era fluente em quíchua, idioma da família de línguas indígenas da América do Sul. Mudou-se para Lima (Peru), onde se debruçou no estudo das cerâmicas das culturas pré-incaicas Lambayeque, Mochica e Chimú. Escreveu e publicou o livro *Arte Pré-Colombiana*, pela Editora R&R Arte.

Marco Antônio e Miguel. Meu pai e meu avô, respectivamente. Por meio deles, fui introduzido no estudo das humanidades, das relações sociais e do que até então chamávamos, no singular, de cultura. Fui apresentado aos esforços que os gregos fizeram e que culminaram na compreensão dos humanos como seres culturais, discussões essas que ainda são o terreno para a construção cotidiana da antropologia.

Conduzido pelas mãos de meu pai, tive o privilégio de conhecer Darcy Ribeiro, o mineiro nascido em Montes Claros que ajudou o Brasil a se encontrar consigo mesmo, ou a se tensionar como país, como "o povo brasileiro", na expressão que titula uma de suas principais obras. Nesse território brasileiro, colonizado por alguns e ocupado por outros tantos, Darcy dizia que nasceu um povo diferenciado culturalmente de suas matrizes formadoras (Ribeiro, 1996), o que não apagou jamais as cicatrizes da colonização, da escravidão e de tantas violências de outrora atualizadas no presente.

Hoje, após percorrer caminhos de formação acadêmica e profissional[1] – e não acreditando em coincidências –, posso dizer que reen-

---

1. Para visualizar na íntegra meu currículo lattes, acessar: http://lattes.cnpq.br/7016326085211576

contrei Darcy. Fui nomeado pelo governador Tarcísio de Freitas para presidir, com mandato de quatro anos, a Fundação Memorial da América Latina, legado de Oscar Niemeyer e Darcy Ribeiro. Diariamente, convivo com a coleção de arte popular idealizada por Darcy, com incontáveis peças de arte popular, permanentemente expostas no denominado "Pavilhão da Criatividade", contemplando obras de artistas plásticos do México ao Peru, visitadas constantemente por uma miríade de escolas públicas e privadas.

Esta pesquisa, realizada durante o período de estágio pós-doutoral no Programa de Pós-Graduação em Antropologia Social da Universidade Federal do Mato Grosso do Sul (PPGAS/UFMS), foi estimulada por minha trajetória com os objetos, os museus, as coleções e a memória de Darcy Ribeiro. Agora, porém, busquei pesquisar a história de um outro brasileiro que também foi fundamental para a construção de narrativas sobre a identidade nacional e a exaltação das capacidades técnicas dos seres humanos.

PLANO E EXECUÇÃO DA PESQUISA

O objetivo da pesquisa foi, portanto, realizar um exaustivo levantamento dos bens culturais legados por Santos Dumont para elaborar um Catálogo Racional a ser disponibilizado como banco de dados para futuras pesquisas. O título inicial do trabalho, apresentado na entrega do plano de trabalho, era "Identificação e análise dos bens culturais legados por Santos Dumont sob a ótica dos mecanismos disponíveis de proteção ao patrimônio histórico-cultural brasileiro".

Ao longo do percurso de pesquisa e análises, como demonstrarei especialmente nos primeiro e segundo capítulos do relatório, pareceu-me coerente que o título mais oportuno se transformasse para dar vazão às reflexões sobre os objetos e os acervos pesquisados, em diálogo com a literatura antropológica que acionou para construir as análises. Além disso, como um dos objetivos que apresentei no plano de trabalho era a disponibilização do Catálogo Racional de Santos Dumont para futuras pesquisas, optei por incluir essa empreitada no título deste relatório, ou seja, um guia de fonte para pesquisas sobre biografia dos objetos, acervos e legado de Santos Dumont.

O vulto histórico, de importância mundial, como inventor e primeiro piloto de um voo controlado (sem ser catapultado e retornando ao ponto de partida de modo absolutamente previsto) faz de Santos Dumont o brasileiro com maior potencial de ser lembrado e reconhecido nos séculos vindouros por seu legado, ultrapassando qual notoriedade efêmera, sendo certo que sua obra merece proteção efetiva do ponto de vista do nosso patrimônio cultural e histórico.

Santos Dumont residiu em diferentes localidades, no Brasil e no exterior, não havendo ainda relação exaustiva de tudo por ele produzido ao longo de seu audacioso projeto de voo controlado. A partir da experiência adquirida por meio da idealização e da execução de dois *Catalogues Raisonné* – Catálogos Racionais – dos artistas plásticos Alfredo Volpi e Leonilson[2], apliquei a metodologia ali utilizada nas pesquisas do presente projeto, buscando efetividade no levantamento exaustivo dos bens culturais produzidos por Santos Dumont.

O Catálogo Racional é um resultado que possui significado muito além de mero compêndio de obras cuja autoria é reconhecida como de determinado indivíduo e, neste caso, dos objetos legados por Santos Dumont. Na realidade, antes mesmo de se proceder a análise de quaisquer obras, faz-se necessária prévia e exaustiva pesquisa sobre tudo aquilo que diga respeito à trajetória profissional do indivíduo estudado.

---

2. Sou sócio-fundador, ex-presidente e membro efetivo da Comissão Catalogadora do Instituto Alfredo Volpi de Arte Moderna (IAVAM) e Diretor, conselheiro e membro da Comissão Catalogadora do Projeto Leonilson (PL).

Assim, no caso de artistas plásticos, por exemplo, são primeiro reunidos todos os catálogos expositivos publicados (seja de exposições individuais ou coletivas); toda a fortuna crítica (veiculada por textos críticos em jornais, revistas e demais periódicos); textos acadêmicos e literários sobre aquele artista e sua obra; e, por fim, documentos pessoais (incluindo até mesmo correspondências e fotografias), já que podem servir de fonte de informações tanto sobre sua trajetória quanto seu processo criativo. As referências a locais e datas são, na prática, importantes informações que podem ser reconciliadas com, por exemplo, origem (compra) de insumos utilizados nas obras (tintas, telas, tecidos etc.), influências artísticas por parte de terceiros (muitas vezes comentadas em cartas e documentos pessoais), entre outros importantes elementos de verificação de autenticidade.

Uma vez reunida, toda essa documentação é classificada e passa a compor um banco de dados, recebendo a denominação de "fonte de pesquisa", no vocabulário técnico usual, no que diz respeito a catálogos racionais. Em seguida, com as informações reunidas no banco de dados, torna-se possível criar uma linha do tempo sobre cada um dos objetos, em que a trajetória do indivíduo estudado é estabelecida previamente, antes da análise de quaisquer obras por ele produzidas. Portanto, o desenvolvimento de um catálogo racional permite o cruzamento de informações pertinentes tanto da trajetória do autor pesquisado, sua biografia, quanto das características de cada peça registrada no banco de dados.

A metodologia e a experiência que tive na produção anterior de dois Catálogos Racionais trazem à tona a prévia necessidade de criação de uma linha do tempo da produção artística, que possibilite a acomodação de cada obra (inclusive, documental), auxiliando o reconhecimento da fase e o contexto em que tal bem cultural foi, de fato, produzido. Obras não datadas, desacompanhadas de indicativos adicionais, podem, sim, ser registradas na linha do tempo, a partir do cruzamento de tudo aquilo que foi previamente levantado e sistematizado.

O levantamento de toda a catalografia (catálogos individuais e mostras coletivas), fortuna crítica, ensaios, artigos, matérias de jornais e revistas, fotografias, cartas e demais documentos pessoais alcança importância incomensurável para, mesmo muitas décadas depois, compreender cada etapa do respectivo processo criativo.

Assim, quando posteriormente as obras são localizadas, torna-se possível datá-las e identificá-las de modo científico e eficaz. No andamento dos trabalhos de pesquisa, é comum surgirem questões correlatas ao tema principal, sendo certo que, diferentemente de Volpi e Leonilson, houve, neste trabalho, a possibilidade de constatar, inclusive, questões relativas ao avanço da tecnologia disponível à época, abarcando as dificuldades técnicas enfrentadas pelos chamados pioneiros da aviação, possibilitando compreender o porquê das características de protótipos e modelagem desenvolvidos por Santos Dumont e a evolução de seu processo criativo.

Não é demasiado registrar que, em face de sua obra ser esparsa e não compilada, não era bem conhecido, até o presente momento, aquilo que Santo Dumont concebeu sozinho como inventor, bem como aquilo que pudesse eventualmente ter adaptado da experiência de terceiros, algo que só se torna possível confirmar conhecendo a fundo seus documentos pessoais (cartas, fotografias etc.). A pesquisa buscou, pois, eliminar lacunas e inconsistências e até mesmo descartar dados pouco plausíveis. Registro, aqui, que terminei esta pesquisa ainda mais surpreso e impactado com a genialidade e a importância da contribuição de Alberto Santos Dumont para o avanço da tecnologia e da ciência, somado a sua generosidade e seu desprendimento.

Iniciei trabalhos acumulando sistematicamente o conjunto de informações sobre a produção de Santos Dumont, mapeando exaustivamente aquilo que existe nos locais de sua moradia ao longo de sua vida e que seja de alta relevância histórica, no que diz respeito ao vínculo de objetos e coleções com sua vida e seus projetos. Essa fase privilegiou pesquisa on-

-line, mas também incluiu visitas aos estados do Rio de Janeiro e de Minas Gerais, especialmente a Petrópolis (RJ), Município de Santos Dumont (MG) e de Ouro Preto (MG). Em segunda etapa, houve o cotejamento das informações recolhidas em face do material da Fundação Santos Dumont e da bibliografia existentes. Vale ressaltar que, além da bibliografia revisada nas próximas páginas e utilizada para as análises sobre os objetos dos acervos, várias outras obras jornalísticas, literárias e biográficas foram base para a pesquisa sobre a vida e a obra de Santos Dumont.

O resultado deste trabalho é o banco de dados que utilizei para as primeiras análises, como mostrarei no capítulo 2 deste relatório, e que está à disposição de pesquisas futuras na antropologia, na história, na museologia, nas artes e em quaisquer áreas interessadas em pesquisar sobre os objetos, os acervos e o legado de Alberto Santos Dumont.[3]

O Catálogo Racional, cumpre relembrar, não é necessariamente uma publicação física. Por certo, seriam necessários muitos volumes para dar vazão física às informações que encontrei nos 7.280 itens pesquisados em 23 acervos públicos e privados, no Brasil, na França e nos Estados Unidos. Toda a identificação dos itens, as unidades documentais, as entrevistas e as pesquisas nos acervos e a sistematização para compor esse banco de dados foram realizadas por mim ao longo desta pesquisa de estágio pós-doutoral. Os detalhes sobre a metodologia de pesquisa e as informações sobre a quantidade de itens em cada acervo, museu ou coleção estão apresentados no primeiro capítulo.

---

[3]. O desejo maior desta pesquisa é que se converta em um manancial para novos pesquisadores. Por certo uma publicação física não comportaria as 7.280 Unidades Documentais identificadas nos 23 acervos encontrados. Não obstante, como a obra de Alberto Santos Dumont está legalmente em domínio público, preparei um arquivo digital contendo todas as obras, onde pesquisadores poderão utilizar como complemento ao presente Guia de Fontes. O arquivo pode ser acessado pelo QR CODE ao lado.

ANTROPOLOGIA, MUSEUS, COLEÇÕES E BIOGRAFIA CULTURAL DE OBJETOS

Ao longo dos últimos meses, nos constantes encontros que mantive com os objetos nos acervos de Santos Dumont, uma teia de reencontros aconteceu: com minha trajetória de vida, com meu interesse por acervos, bens culturais, patrimônio e museus. Encontrei a antropologia como uma oportunidade para análises mais ousadas para os objetos, os acervos, os patrimônios e os museus, ao longo da disciplina nomeada de "Colocando as ideias no chão do mundo: museus, antropologias e antropólogos". Tive a alegria de ser docente, junto com a professora doutora Maria Raquel da Cruz Duran, nesta disciplina oferecida pelo PPGAS/UFMS entre os meses de outubro e novembro de 2023. A proposta era apresentar um breve panorama acerca da temática dos museus em antropologia, tendo em vista uma introdução a esta expressão possível da sua formação acadêmica projetada para uma outra profissão, para além da docência, assim como proporcionar maior conhecimento a respeito desta grande figura que é Darcy Ribeiro, tão próxima aos sul-mato-grossenses em sua trajetória profissional.

O percurso da disciplina foi uma oportunidade para os alunos acompanharem o que foi a concepção de um museu e aparelho cultural como o Memorial da América Latina, concebido pelo antropólogo Darcy Ribeiro, e a maneira pela qual ele decidiu, por meio do museu, consolidar a identidade latino-americana. Darcy, de forma muito consciente, buscou criar uma coleção que gerasse no público visitante latino-americano uma imediata sensação de pertencimento ao conjunto de países, povos e com toda a história da América Latina.

Inspirado pelas discussões da disciplina – e com outras leituras pesquisadas junto com a supervisão do estágio –, emergiram não apenas possibilidades de análise dos objetos e acervos, mas especialmente de fundamentação metodológica para a pesquisa. A proposta de Catálogo Racional apresentada como um resultado deste trabalho é, além de um banco de dados, um método de identificação de objetos que deve necessariamente reconhecer as trajetórias, os usos e a biografia destes. Nesse caminho de revisão bibliográfica e do que humildemente considero o início de uma etnografia a partir e com os objetos do acervo legado por Santos Dumont, perceber as transformações no fazer antropológico, especialmente, nas últimas décadas, foi crucial para educar minha atenção, como provoca Ingold (2015), no sentido de estar disposto a me movimentar, entre e com o acervo de Santos Dumont, atento à trajetória e às relações estabelecidas com essas coisas, e não apenas à sua materialidade.

Ao discorrer sobre a invenção cultural, Wagner (2010, p. 62) salienta que "Talvez não seja acidental o fato de que boa parte da antropologia, sem seus primórdios, tenha se desenvolvido em museus, e que museus sejam instituições Culturais no sentido marcado da palavra".

No início da disciplina, antropólogos viajavam para diferentes regiões, especialmente, para os territórios colonizados na África e, junto com viajantes e missionários, coletavam objetos para subsidiar ideais evolucionistas, na tentativa de sustentar teorias de que as sociedades tinham diferentes estágios de evolução. Como recorda Gonçalves (2007), objetos diversos, retirados de contextos dos mais variados, eram comparados para justificar, a partir da composição material destes e de outras características físicas, que algumas sociedades estavam hierarquicamente mais evoluídas que outras e, em alguns casos, equivalentes.

Nos primórdios da antropologia, expoentes como Lewis Morgan e Edward Tylor apregoaram uma ideia de que existe uma única escala evolutiva e que os outros, ou seja, os que estavam fora da civilização seriam os selvagens, os bárbaros, (Castro, 2005). Cultura e civilização eram tomadas, por exemplo, como sinônimos, o que sugere que aquilo que está fora da civilização não seria cultura. Existia um único caminho possível para os povos, onde quer que estejam: sair da condição da barbárie para alcançar um modelo de vida civilizado, homogêneo, linear.

O trabalho de antropólogos, viajantes e missionários foi fundamental para a permanência dessas perspectivas e da violência a que foram submetidos povos colonizados, por meio de pesquisas encomendadas por governos nacionais do Norte, majoritariamente, para justificar projetos imperiais em países colonizados e para enclausurar a cultura nas peças recolhidas nos museus.

Nesse contexto, os museus foram espaços para reunir um emaranhado de objetos, visando comparar os diferentes estágios de evolução dos povos. Como discutido por Gonçalves (2007), o que se convencionou chamar de estudos da cultura material surgiu justamente da ideia de cultura como um agregado de objetos materiais, negligenciando uma complexa cadeia de relações, processos, narrativas e práticas dos povos que, tempos depois, seriam incorporados não apenas nas preocupações, mas no fazer antropológico.

A importância dos museus para a prática da antropologia se deu, ainda, na constituição da "cultura" e da Cultura. Para Roy Wagner (2010), essas instituições permitiram aos antropólogos inventarem a cultura no sentido abstrato, reificando a "Cultura" no sentido restrito. Seriam os objetos recolhidos aquilo compreendido como "Cultura" e, portanto, a narrativa construída sobre o sujeito da pesquisa antropológica "assumiu características de um acervo de museu. Era finita, discreta e inequívoca: possuía estilos e usos peculiares que podiam ser determinados com grande precisão" (Wagner, 2010, p. 64).

A partir dos anos 1980, como discorre Gonçalves (2007), antropólogos e antropólogas reforçam uma perspectiva de historicização da disciplina, o que possibilita reaproximar-se dos museus. Nesse momento, a pesquisa antropológica sobre e nos museus acontece, inclusive, com a elaboração de sérias críticas sobre a violência empreendida pelas instituições museais contra vários povos ao longo das décadas anteriores.

O estudo dos museus na antropologia a partir desse período, ou dos objetos, coleções e patrimônios, dá-se por uma imbricação entre fatores que instigam a disciplina a compreender situações epistemológicas, políticas e sociais, principalmente, no contexto colonial e pós-colonial. Além disso, diz o mesmo autor, vale ressaltar a importância das instituições museais na manutenção de um conjunto de categorias ocidentais que são chaves de análises constantes da disciplina: natureza *versus* cultura, primitivo *versus* civilizado, bem *versus* mal, tradicional *versus* científico, entre outros.

A disseminação da antropologia para outros lugares geográficos também pode ter ampliado e tensionado as chaves de leitura e pesquisa sobre os contextos e as situações sociais, políticas e epistemológicas. Além de permitir a consolidação da disciplina para territórios fora da Europa e dos EUA, a chegada de novos sujeitos produtores de antropologia em novos lugares do globo tensionou o privilégio geográfico de produção do conhecimento antropológico, como aponta em reflexões mais recentes a pensadora Sílvia Rivera Cusicanqui (2018) quando diz que mais do que questionar as ideias produzidas, é preciso pensar nos lugares de produção dessas ideias.

A própria emergência da antropologia em países como o Brasil, por exemplo, está vinculada a compromissos políticos distintos daqueles que os primeiros homens se comprometeram com seus estados nacionais nos países europeus. Mesmo com os limites de continuar sendo uma antropologia que surge em centros de poder econômico e político do Brasil, constituída majoritariamente por homens, "o modo político de conhecermos o outro e de nos conhecermos" (Cardoso de Oliveira, 1984, p. 202) possibilitou que, aqui nos trópicos e talvez em outras periferias do mundo, a antropologia se tensionasse continuamente para produzir novidades epistemológicas.

Ainda que o privilégio da divulgação antropológica continue sendo protagonizado, muitas vezes, pelos países da Europa e pelos EUA, o deslocamento geográfico para o sul global tem forçado cada vez mais a produzir conhecimento não com um pretenso discurso de universalidade, fundado nas dicotomias mencionadas acima e validado pelos que historicamente tiveram o poder de nomear o mundo e as coisas, mas conhecimentos múltiplos que dão conta de uma heterogeneidade cada vez mais crescente (Rivera Cusicanqui, 2018).

Se até tempos atrás, antes do processo de historicização da antropologia, essas classificações serviram tão somente para definir culturas mais ou menos civilizadas e subjugar povos a processos de colonização, como afirmavam os evolucionistas e difusionistas, agora essas dicotomias são problematizadas e desconstruídas (ou reconstruídas).

Os deslocamentos epistemológicos que a antropologia tem feito constantemente para analisar museus, acervos, objetos e patrimônios são fundamentais para tais problematizações, pois

> Se no passado estes objetos foram expropriados das comunidades de origem por meio da ação de compra, coleta e, eventualmente, tráfico ilegal, na sociedade contemporânea produzir sistemas de acesso das comunidades aos seus bens culturais devolve para essas comunidades o sentido de pertencimento e identidade cultural (Froner, 2020, p. 186).

A virada ontológica na antropologia, ou seja, uma crítica e uma tentativa de romper com os essencialismos das pesquisas clássicas, além de tensionar questões epistemológicas sobre a forma de analisar, transcrever, produzir e comparar dados (Puga, 2021), abriu oportunidades para reconstruir os sentidos da relação entre sujeitos e objetos e na própria produção, circulação, colecionamento e proteção destes.

Retirados da sua circulação cotidiana e deslocados para os museus, os objetos agora não são mais tomados pela antropologia como um emaranhado de coisas que vão classificar sujeitos e povos entre bárbaros e civilizados. De acordo com Gonçalves (2007), a presença de objetos em coleções, museus e patrimônios é mais um momento da vida social deles, que, antes de serem levados para as instituições, tiveram suas finalidades cerimoniais, religiosas, econômicas, de trocas. Nos museus, os objetos materiais afirmam sua história e os processos pelos quais diferentes grupos sociais foram constituídos e se transformam cotidianamente.

Numa pesquisa sobre a biografia de objetos em dois museus do estado do Rio Grande do Sul, a saber: Museu Grupelli e Museu da Cidade de Rio Grande, Nery *et al.* (2020) reconhecem os museus como a nova casa dos objetos e como instituições de memória. É nesse lugar que os objetos têm chance de dar continuidade às suas vidas, além de mediar a relação entre passado, presente e futuro. No mesmo trabalho, a autora e os autores descrevem o poder simbólico dos objetos além da sua materialidade, o que significa dizer que a vida social anterior destes, a sua biografia, pode evocar sentimentos, afetos, pertencimentos e consciências individuais e coletivas nos sujeitos.

Além do peso, das cores, do volume e das funções ritualísticas, religiosas, utilitárias, que seriam características intrínsecas e extrínsecas, respectivamente (Mensch, 1994), a relação dos objetos materiais com os sujeitos produz o que seria uma terceira característica, que são as emoções e as memórias, e seria, portanto, indizível, já que opera no cognitivo dos sujeitos (Nery *et al.*, 2020). É nessa operação que os sujeitos podem construir e afirmar suas identidades individuais e sociais, ou, nas palavras de Gonçalves (2007), consciências individuais e coletivas. É na relação com os objetos que os sujeitos são convidados a refletir e construir consciências, pertencimentos, conflitos. Isso não se dá de forma instantânea, automática, mas justamente porque os objetos musealizados são constituídos por uma alma, por trajetórias, por uma biografia.

Quando preocupados apenas com a materialidade dos objetos, as instituições museais "correm o risco de acabarem preservando corpos sem almas" (Nery *et al*, 2020, p. 116), ou coisas sem espírito, se recordarmos o que Mauss (2013) discorreu sobre o *hau* dos objetos trocados. Apesar de essa pesquisa não tratar da circulação de mercadorias, o célebre *Ensaio sobre a Dádiva* (Mauss, 2013) é um valoroso *insight* para analisar as coisas impregnadas de espírito e com o poder de vincular almas. Ou seja, ao apresentar alguma coisa para alguém, é a si mesmo que se apresenta. O que circula, portanto, são coisas sagradas, e não apenas matérias sem alma.

Se, ao contrário, recorre-se à biografia dos objetos, com suas dinâmicas anteriores e com aquilo que é invisível (Lambrecht; Viana de Souza, 2018), os objetos nos museus são assumidos na sua trajetória temporal, nas relações anteriores estabelecidas em diferentes contextos e com diferentes grupos. Todavia, é crucial sublinhar que a vida do objeto não é apenas anterior à sua musealização, pois, a partir de sua chegada aos museus, os sujeitos podem conhecer como os objetos vieram ao mundo, com qual finalidade, por quem foi utilizado e em quais momentos da história. Essa relação, aponta Lambrecht e Viana de Souza (2018), permite ao objeto continuar com sua vida social, agora dentro das instituições museais.

Recorro ao antropólogo Igor Kopytoff (2008) e suas reflexões sobre biografia cultural das coisas. Mesmo que minha pesquisa não trate da circulação de mercadorias, o trabalho de Kopytoff é um potente *insight* para, a partir da metodologia do Catálogo Racional, pensar que o objeto musealizado é uma das fases de sua vida, e não um estado permanente. As reflexões apresentadas por ele sobre a circulação de mercadorias permitem analisar a trajetória dos objetos, numa tentativa de identificar, tal qual fazemos com os seres humanos, a trajetória daquilo que é musealizado: quais são os materiais utilizados na fabricação/construção do objeto? Quem utilizou? Com qual finalidade foi produzido/elaborado? Quais foram as diferentes utilidades?

Essas perguntas permitem, de acordo Nery *et al.* (2020), conhecer aquilo que a materialidade do objeto não diz. Traçar a biografia cultural dos objetos não é necessariamente conhecer mais sobre a constituição física ou, como mencionado anteriormente, sobre as características intrínsecas, mas justamente identificar a trajetória, as relações e os significados atribuídos aos objetos ao longo de sua vida, lançando possibilidades para, com isso, compreender também o papel dos objetos na vida dos sujeitos e grupos sociais.

Biografar uma coisa não significa esgotar todas as questões. Para Kopytoff (2008), esse processo é parcial, pois elegemos os aspectos que consideramos importantes neste ou naquele momento, da mesma forma que podemos descartar informações enquanto biografamos um objeto. Isso implica reconhecer que a biografia cultural dos objetos não é unânime, ou seja, não existe apenas uma narrativa sobre as coisas (Loureiro, 2018), e que, em momentos anteriores ou posteriores, certas situações/informações podem emergir ou ser suprimidas.

Nesta pesquisa, reconheço que traçar a biografia cultural dos objetos legados por Santos Dumont não é, jamais, apresentar a palavra final sobre a vida anterior dessas coisas que com ele circularam, seja na fabricação dos balões e aviões, seja em outros momentos da sua vida. Muitas informações podem ter sido perdidas, outras estavam apenas com o próprio aviador e pessoas próximas, e a falta de registros materiais, além dos próprios objetos, não permite acessá-las. O que fazemos, portanto, com o Catálogo Racional é vasculhar à exaustão as informações disponíveis nos museus e as coleções e, a partir delas, construir outras conexões com bibliografias, entrevistas, livros, produções musicais e literárias.

O LEGADO DE
SANTOS DUMONT

UM VOO SOBRE AS INTENCIONALIDADES
COMPLEXAS NO ACERVO DO PAI DA AVIAÇÃO

CAPÍTULO PRIMEIRO

SEGUINDO O CAMINHO DAS COLEÇÕES

A pesquisa, formalmente, iniciou-se de fato numa sexta-feira, 31 de março de 2023, às 06:56 horas. Estes são os dados fornecidos pela pasta que criamos, denominada "Santos Dumont". A partir deste momento, começou meu trabalho de listar os bens constantes dos acervos previamente indicados e, ainda, a busca por novas coleções. Comecei pelo mapeamento e pela criação de um roteiro: Acervos Institucionais[4] (nacionais e internacionais) e Acervos Privados[5] (nacionais e internacionais). Finalizei a pesquisa no dia 11 de agosto de 2023, com o tratamento da última coleção privada, de Pedro Corrêa do Lago.

Olhando para trás, enquanto pesquisador, a impressão que ainda permanece latente e que podemos compartilhar consiste num parado-

---

4. Acervos institucionais são responsáveis por organizar coleções mantidas por instituições, como museus, bibliotecas, arquivos ou universidades. Estas coleções administrativas e funcionais podem ser produzidas, recebidas e/ou acumuladas. A acessibilidade e a compreensão das coleções organizadas e mantidas por tais instituições estão, na maioria das vezes, correlacionadas com as atividades desenvolvidas e executadas.

5. Acervos privados podem ou não ser abertos à visitação e às consultas públicas. Não obstante, o fato de a obra de Santos Dumont já estar em domínio público (podendo, pois, ser reproduzida livre de pagamentos de quaisquer direitos autorais), permite que algumas instituições restrinjam o acesso ao material pesquisado, na expectativa de garantir certo ineditismo em futuras eventuais publicações.

xo. De um lado, nós brasileiros nutrimos profundo orgulho pelo desprendimento e altruísmo de Santos Dumont. Contudo, enquanto titulares de coleções públicas ou privadas, mantemos nossos acervos com acesso restrito. O colecionismo, especialmente institucional, caminha no sentido contrário, na contramão do inventor, que não patenteava suas criações. Nossas instituições oferecem, ainda que involuntariamente, inúmeras dificuldades para pesquisadores, com baixíssimas taxas de disponibilização e acessibilidade dos respectivos acervos no formato on-line, no mais das vezes sem quaisquer imagens dos documentos ou, quando existem, em péssima resolução.

Já os acervos internacionais, que logrei êxito em encontrar e pesquisar mesmo possuindo coleções bem menores que as brasileiras no tocante a Santos Dumont, apresentam caminhos sempre abertos, "pavimentados" e muito bem-sinalizados para pesquisadores. Faz-se necessário ressaltar que, sem tais facilidades, talvez não os tivéssemos sequer localizado nesta pesquisa. Portanto, o desenvolvimento de base de dados on-line adequada para pesquisadores de nacionalidades diversas, de fato, abre e amplia os caminhos para o desenvolvimento de futuras pesquisas. Não se trata de necessidade alocada no futuro, mas no tempo presente, necessidade premente. Comecemos, pois, pelas alegrias, pelas experiências vivenciadas nos acervos internacionais.

Encontramos coleções (públicas e privadas) com documentos de Santos Dumont em apenas dois países, além do Brasil: França e Estados Unidos.

NA FRANÇA

Na França, localizei dois acervos públicos e dois privados[6]. Classifiquei como "acervos privados" duas coleções de registros cinematográficos (*Gaumont – Pathé* e *Frére Lumiére*) que possuem documentos com finalidade comercial. Os acervos institucionais são de extrema competência na organização e na disponibilização on-line de suas coleções. São dotados de: interface atualizada, prática e eficiente; tratamento especial para pesquisadores; mecanismos de classificação e busca muito precisos; qualidade excepcional em digitalização de documentos.

O maior deles, depositário nacional *Bibliothèque Nationale de France* (BNF), vem a ser uma das bibliotecas mais importantes do mundo, com 150 milhões de documentos impressos. Criou o projeto *Gallica*: uma biblioteca virtual dedicada à alocação dos documentos digitalizados, que alcançou a marca de 10 milhões desde 1992. Entre tais arquivos adequadamente digitalizados, encontrei 280 unidades documentais[7]

---

6. Não houve entrevista com representantes dos acervos internacionais, apenas pesquisa. Acervos pesquisados: *Bibliothèque Nationale de France* (https://gallica.bnf.fr/accueil/fr/content/accueil-fr?mode=desktop); *Musée de l'Air et de l'Espace*: (https://mediatheque.museeairespace.fr/index.php?urlaction=docListe&precherche), (https://www.museeairespace.fr/aller-plus-haut/collections); *Gaumont-Pathé* (https://gparchives.com/index.php?urlaction=docListe#bloc_form_recherche); *Catalogue Lumiére* (https://catalogue-lumiere.com/series/info-seven-34/). Para realização da pesquisa, o *Musée de l'Air et de l'Espace* exige registro prévio on-line para liberar a pesquisa.

7. Referimo-nos como "unidades documentais" porque alguns acervos não desmembraram certos conjuntos de duas ou mais imagens dos objetos (Fundação Santos Dumont, Itaú Cultural, BNF). Portanto, o número real é maior que o número documental. A fim de respeitar as metodologias arquivísticas adotadas pelas instituições, mantive a contagem por unidade documental, e não unidade real. Unidades documentais referem-se aos itens a partir do momento que são catalogados e codificados. Certas unidades possuem apenas um item, outras, um conjunto de itens – como no caso de álbuns em que as fotografias não são desmembradas.

sobre Santos Dumont, dos quais 59 são imagens em ótima resolução para pesquisadores. Do ponto de vista técnico, tal base de dados é de fácil manuseio, bastante acessível e completa. Demonstrando respeito por pesquisadores estrangeiros, o acesso está disponível em cinco línguas distintas (francês, inglês, alemão, italiano e, ainda, russo). Todos os documentos podem ser acessados sem quaisquer empecilhos e, inclusive, com total liberação de *downloads* gratuitos. Desde que para finalidades não comerciais, o uso é totalmente livre. Já para uso comercial, há necessidade de prévio licenciamento.

O trabalho da BNF é de grande valor para pesquisadores de diversas nacionalidades. Gostaria de registrar que não foi a primeira vez que utilizei sua base de dados.[8]

A França contribuiu para a pesquisa com outro acervo institucional importante: o *Musée de l'Air et de l'Espace*, mantendo, assim como a acima citada BNF, um centro de pesquisa física e outro exclusivamente on-line. O *Musée* nos possibilitou acesso a 105 documentos, sendo 103 fotografias digitalizadas em ótimo padrão e, ainda, de relevante conteúdo. Uma vez mais, trata-se de instituição que prima pela excelência de seu ferramental de pesquisa. O conteúdo é disponibilizado com acesso em duas línguas distintas (francês e inglês). Importante ressaltar a atenção especial dada aos pesquisadores: foi criado um tópico do menu dedicado para "pesquisadores e estudantes", contendo todas as informações para pesquisas físicas e/ou virtuais, além da quantificação do acervo.[9]

---

8. Nos últimos anos (2018-2022), realizei outras pesquisas de cunho pessoal sobre fotografia francesa dos séculos XIX e XX (por exemplo) ou manuscritos medievais etc. O conjunto de temas da *Gallica*/BNF é amplo: partituras musicais, livros completos etc.

9. O acesso foi feito em dois endereços. No site principal do *Musée*, em *Collection – Les Collections*, encontrei os objetos tridimensionais: https://www.museeairespace.fr/. Pesquisa por análise de acervo exposto na galeria on-line. Os documentos iconográficos foram disponibilizados por meio do mesmo site, em *Collection – Documentation*, em que se encontra

NOS ESTADOS UNIDOS

Seguindo o padrão francês, as instituições norte-americanas mantêm alta qualidade na disponibilização on-line dos acervos e das bases de dados com eficientes ferramentas de pesquisa. Localizei cinco coleções institucionais, com pequenos acervos, inclusive, com imagens de ótima qualidade, são elas, a saber: *Library of Congress* (LOC); *Missouri Historical Society*; *New York Historical Society*; *Smithsonian Institution* (Washington, D.C.); *National Air and Space Museum* (Washington, D.C.). Coloco uma atenção especial no *National Air and Space Museum*, que segue a mesma linha temática do *Musée de l'Air et de l'Espace* e do Museu Aeroespacial Brasileiro.

Abaixo, na Tabela 1, listo as Unidades Documentais dos Acervos Internacionais, em seguida, na Tabela 2, apresento a quantidade de itens nos Acervos Internacionais.

TABELA 1 – UNIDADES DOCUMENTAIS DOS ACERVOS INTERNACIONAIS

ACERVO	UNIDADES DOCUMENTAIS
Bibliothèque Nationale de France	56
Musée de L'air et Space	103
Library of Congress	7
Missouri Historical Society	7
National Air Space Museum	3
Smithsonian Institute	9
New York Historical Society	1
TOTAL	**186**

FONTE: ORGANIZAÇÃO DO AUTOR

----

o link para a *E-Médiatèque*: espaço virtual dedicado à coleção, a fotografia, vídeo, reportagem e áudios: https://mediatheque.museeairespace.fr/. Palavra-Chave: Alberto Santos-Dumont. Para realização da pesquisa, a *E-Médiatèque* exige cadastramento on-line prévio.

TABELA 2 – QUANTIDADE DE ITENS NOS ACERVOS INTERNACIONAIS

ACERVO	QUANTIDADE
Bibliothèque Nationale de France (BNF)	281
Library of Congress (LOC)	8
Missouri Historical Society	7
National Air and Space Museum (Washington D.C.)	19
Smithsonian Institution (Washington D.C.)	9
New York Historical Society	1
Musée de l'Air et de l'Espace du Bourget	105
TOTAL	**430**

FONTE: ORGANIZAÇÃO DO AUTOR

NO BRASIL

Na contramão dos acervos citados acima, no Brasil, ainda encontrei realidades e situações capazes de gerar inquietação em quaisquer pesquisadores. Em nosso caminho, no decorrer da pesquisa, encontramos: bases de dados on-line inexistentes; quando existentes, não disponibilizam imagens; quando disponibilizam imagens, são, no mais das vezes, em baixíssima resolução.

Os 11 acervos institucionais encontrados e pesquisados, classificamos, a partir da experiência vivenciada, em quatro grupos diferentes: 1. Acervos que se aproximam do padrão internacional; 2. Acervos com padrão intermediário; 3. Excelentes coleções, porém com péssimo acesso; 4. Coleções menores com acesso on-line inexistente.

Os critérios usados para a categorização, acima mencionada, seguem nossa experiência nesta pesquisa, os acervos institucionais internacionais são os que demonstraram melhor equilíbrio entre acervo – acesso – qualidade. Ou seja, apresentam uma situação ideal para o pesquisador. A partir desse padrão ideal, comparei os acervos institucionais nacionais e os classifiquei a partir desse critério em grau de aproximação ou afastamento em relação à funcionalidade do acesso e à qualidade do material digitalizado.

Por que a experiência vivenciada permite classificar dessa forma e por que os acervos institucionais foram utilizados como parâmetro? Os acervos institucionais foram usados como parâmetros porque, geralmente, possuem a função social de disponibilizar acervos para consulta e pesquisa (muitas vezes, essa função é estatutária), enquanto os acervos privados não são obrigados a isso.

Abaixo, na Tabela 3, listo a quantidade de Unidades Documentais dos Acervos Nacionais, em seguida, na Tabela 4, listo a quantidade de itens nos Acervos Institucionais pesquisados no Brasil.

TABELA 3 – QUANTIDADE DE UNIDADES DOCUMENTAIS DOS ACERVOS NACIONAIS

ACERVO	UNIDADES DOCUMENTAIS
Museu do Ipiranga	734
Instituto Moreira Salles	7
Biblioteca Nacional	41
CENDOC	324
Musal	126
Instituto Histórico Geográfico Brasileiro	96
Instituto Itaú Cultural	230
Fundação Santos Dumont	4
Museu Imperial	14
Museu Cabangu	11
TOTAL	**1.587**

FONTE: ORGANIZAÇÃO DO AUTOR

TABELA 4 – QUANTIDADE DE ITENS NOS ACERVOS INSTITUCIONAIS PESQUISADOS NO BRASIL

ACERVO	QUANTIDADE DE ITENS
Museu do Ipiranga	2.204
Itaú Cultural	352
Fundação Santos Dumont	26
Centro de Documentação da Aeronáutica (CENDOC)	3.479
Museu Aeroespacial (Musal)	142
Museu Cabangu	69
Museu Casa Santos Dumont (Petrópolis)	–
Instituto Moreira Salles	7
Biblioteca Nacional	71
Instituto Histórico e Geográfico Brasileiro	96
Museu Imperial (Petrópolis)	24
TOTAL	**6.470**

FONTE: ORGANIZAÇÃO DO AUTOR

O Museu Aeroespacial seria, no nosso entendimento, o correspondente brasileiro ao *Musée de l'Air et de l'Espace* (FR) e ao *National Air and Space Museum* (EUA). No quesito pesquisa e disponibilização de acervos, ofereceu atendimento personalizado, auxiliando-nos, enquanto pesquisadores, naquilo que se fizesse necessário. Registre-se que, ao chegar ao CENDOC, encontrei a maior coleção do mundo dedicada a Santos Dumont. São 3.479 itens, compostos, em sua maioria, pelo acervo pessoal de Santos Dumont. Parte desse material já está, inclusive, sendo tratado, digitalizado e codificado. Vale ressaltar que nosso contato com o CENDOC não se deu de maneira presencial, apenas por contato telefônico e acesso às informações de quantificação e qualificação do material. Nosso ponto focal na instituição e responsável por nos fornecer todas as informações ficou sob a responsabilidade da Tenente Coronel Saara, responsável pelo acervo. Tive acesso franqueado, incluindo as informações constantes da dissertação de mestrado de Barbara Cristina da Silva, então chefe do "Projeto Acervo Santos Dumont", nos anos de 2014 e 2015 (Pinto da Silva, 2018).

ACERVOS QUE SE APROXIMAM DOS PADRÕES ENCONTRADOS NOS MUSEUS INTERNACIONAIS: MUSEU DO IPIRANGA E INSTITUTO MOREIRA SALLES

O Museu do Ipiranga, sede do Museu Paulista da Universidade de São Paulo (USP), funciona na cidade de São Paulo (SP), num edifício construído entre 1885 e 1890, projetado para ser um monumento de celebração à Proclamação da Independência do Brasil, ocorrida em 1822. Após uma interdição em 2013 e uma longa reforma que ocorreu entre 2019 e 2022, redesenhou-se sua *webpage*[10], melhorando significativamente sua base de dados para pesquisa on-line. Com acesso em duas línguas (português e inglês), tal página, logo de início, já mostra claramente o caminho para o "Acervo On-line".

A interface e a funcionalidade da base de dados on-line do museu são eficientes. Notei apenas os seguintes problemas: a) grande parte das imagens apresenta baixa resolução, de modo que estas não são padronizadas ou regulares e, por isso, as coleções sofrem com a irregularidade do tratamento digital; b) o tratamento de informações históricas dos documentos também é irregular. Grande parte dos documentos fotográficos não tem indicação de autor ou data, tampouco descrição de contexto. Falta, ainda, tratamento historiográfico mais eficiente.

---

10. Site do Museu do Ipiranga: https://museudoipiranga.org.br/. Acesso em: 20 abr. 2023.

O mesmo posso dizer do Instituto Moreira Salles que, mesmo contendo apenas sete documentos fotográficos sobre Santos Dumont, oferece base de dados eficiente e satisfatória. O único ponto que merece ressalva é a baixa resolução das imagens disponibilizadas para *download*, nada mais.

ACERVOS COM PADRÃO INTERMEDIÁRIO: INSTITUTO HISTÓRICO E GEOGRÁFICO BRASILEIRO, BIBLIOTECA NACIONAL E MUSEU IMPERIAL

Em uma situação intermediária, identifiquei o Instituto Histórico e Geográfico Brasileiro (IHGB), a BN e o Museu Imperial em Petrópolis. O IHGB possui uma base de dados on-line, prática e eficiente. Forneceu 96 documentos iconográficos[11]. No entanto, as imagens não estão digitalizadas, sequer estão disponíveis para pesquisa presencial.

A Biblioteca Nacional do Brasil, que seria nossa instituição equivalente à BNFrance, é considerada pela Organização das Nações Unidas para a Educação, a Ciência e Cultura (UNESCO) uma das dez maiores bibliotecas nacionais do mundo e, também, a maior biblioteca da América Latina, com 10 milhões de itens. Aparentemente, segue o mesmo bom caminho da biblioteca francesa: possui uma base de dados on-line acessível; instrumento de pesquisa rápida e acesso disponível em três línguas (português, inglês e espanhol)[12]. Criou o projeto BNDigital, como a *Gallica*, para armazenar os documentos digitalizados, separando, assim, as bases de busca em: "Acervo Digital" e "Catálogos".

---

11. Nomenclatura utilizada pelo Museu para explicitar a originalidade da obra de arte, fotografia, desenho técnico e/ou gravuras.

12. A busca na base de dados se deu com a palavra-chave: Alberto Santos-Dumont.

O Acervo Digital nos ofereceu duas peças apenas: uma fotografia e uma gravura. No restante do acervo, que totaliza 69 itens, foi encontrado "Catálogo" (nome dado ao acervo não digitalizado). Portanto, não tive acesso direto aos documentos. Nota-se, também, em análise mais detalhada das fichas, que as imagens ainda estão localizadas na "Seção de Microfilmes". Ou seja, restringe a pesquisa iconográfica à pesquisa presencial e em suporte já ultrapassado como o microfilme.

Abaixo, temos uma amostra da ficha da Biblioteca Nacional. Só é possível acessar o conteúdo presencialmente na seção de microfilmes.

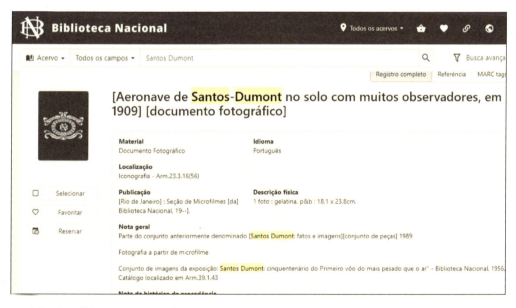

Ficha da Biblioteca Nacional.

A situação do Museu Imperial de Petrópolis não é melhor. Sua página inicial não oferece informações precisas para pesquisas on-line, apenas para agendamento de pesquisas presenciais. Encontrei um título na barra de "Serviços *Online*": "*Dami* – Acervo Digital". No entanto, as imagens estão digitalizadas em baixíssima resolução e as ferramentas de acesso não funcionam de maneira adequada, na medida em que, ao tentar fazer o *download* dos documentos, as imagens eram corrompidas – cortadas ao meio ou o *download* simplesmente não se realizava.

ÓTIMO ACERVO, PORÉM SEM ACESSO DISPONÍVEL PARA PESQUISAS ON-LINE: ITAÚ CULTURAL

Nesta categoria, cito o Instituto Itaú Cultural (IC). Não é demasiado relembrar, uma vez mais, que nossa avaliação não é direcionada às condições físicas do acervo, mas à sua disponibilização digital. O Instituto Itaú Cultural é uma das maiores instituições culturais do país, reconhecida por conservar coleções de grande relevância. Sempre ofereceu excelência em todos os seus produtos culturais, com festejada programação, de altíssimo[13] padrão, plena de belíssimas exposições, palestras, espetáculos etc. O IC é, ainda, reconhecido pela maestria na preservação de preciosos acervos.

No entanto, surpreendentemente, não facilita acesso para pesquisas on-line. Possui, indiscutivelmente, ótimo site, porém sem orientação adequada para pesquisadores. Nosso contato com a responsável foi infrutífero, sem quaisquer efeitos práticos. Assim, nosso objetivo só foi alcançado por outras vias, graças à ajuda do colecionador Pedro Corrêa do Lago, que gentilmente indicou a publicação *Brasiliana Itaú* (2014), uma publicação impressa apenas como uma fonte alternativa para obtenção dos dados almejados. Desse modo, na presente pesquisa, recorri a tal publicação como inventário da coleção.

Abaixo, listamos, na Tabela 5, as Unidades Documentais dos Acervos Pessoais Nacionais e, na Tabela 6, a quantidade de itens dos Acervos Privados Nacionais, resultados desta pesquisa.

---

13. Site do Instituto Itaú Cultural. https://www.itaucultural.org.br/. Acesso em: 5 maio 2023.

TABELA 5 – UNIDADES DOCUMENTAIS DOS ACERVOS PESSOAIS NACIONAIS

ACERVO	UNIDADES DOCUMENTAIS
Pedro Corrêa do Lago	178
Site "Santos Dumont: Homenagem"	121
TOTAL	**299**

FONTE: ORGANIZAÇÃO DO AUTOR

TABELA 6 – QUANTIDADE DE ITENS DOS ACERVOS PRIVADOS NACIONAIS

ACERVO	QUANTIDADE
Pedro Corrêa do Lago	230
Pedro Mastrobuono	6
Site "Santos Dumont: Homenagem"	122
TOTAL	**358**

FONTE: ORGANIZAÇÃO DO AUTOR

COLEÇÕES MENORES COM ACESSO ON-LINE INEXISTENTE: CABANGU E PETRÓPOLIS

Nesta última classificação, estão alocados os dois Museus Casa de Santos Dumont: a casa em que nasceu e viveu em Cabangu (MG) e a casa onde viveu em Petrópolis (RJ). Ambos estão na mesma situação: sem base de dados para pesquisa on-line e com falta de informação por parte dos responsáveis, que não possuem, por exemplo, listagem ou inventário de obras, ordenação nem identificação da quantidade de documentos etc.

A situação de Cabangu é um pouco melhor. A responsável informa que iniciaram um processo de digitalização e catalogação do acervo, mas em velocidade lenta. Realizei os contatos em 24/04/2023, 02/06/2023 e 05/06/2023, por telefone, com a responsável pelo Museu, a senhora Tatiana Emídio. Os responsáveis pelo referido trabalho tampouco souberam fornecer quaisquer informações. Nessa situação, encontrei na página da FAB um *tour* virtual pelo museu e, a partir dele, fiz uma quantificação aproximada do que está exposto.

O responsável do Museu Casa de Petrópolis não nos deu nenhuma informação, limitou-se a dizer: "O museu está fechado para reforma". Realizei os contatos em 24/04/2023 e 05/05/2023, por e-mail e telefone. Não possuem listagem ou inventário do seu acervo, tampouco informaram a quantidade de documentos.

CAPÍTULO SEGUNDO

ANÁLISES A PARTIR DA BIOGRAFIA DE OBJETOS

as próximas páginas, o objetivo será apresentar a trajetória de um conjunto de objetos localizados na pesquisa realizada nos acervos.[14] Não foi possível esmiuçar a história ou a biografia cultural (Kopytoff, 2008) de cada um dos objetos de forma separada, visto que isso demandaria uma pesquisa de longo prazo, de forma presencial, para análises sobre material, fabricantes e outras características intrínsecas (Mensch, 1994), o que será possível, a partir de agora, graças ao Catálogo Racional, resultado deste trabalho, para mim e outros pesquisadores e pesquisadoras interessados.

Portanto, na análise preliminar apresentada a seguir, optei por agrupar esses objetos em dois álbuns, a saber: no primeiro, um conjunto de imagens referentes aos objetos classificados como peças mecânicas, a maior parte relacionada aos projetos de Santos Dumont para a construção de balões, dirigíveis e aviões[15]. No segundo álbum, apresen-

---

14. Estas são análises preliminares, resultados do período de estágio pós-doutoral. Minha proposta é que tais reflexões sejam aprofundadas nos próximos meses, transformadas num artigo para posterior publicação em revista ou periódico acadêmico na área de antropologia.

15. Como peças de natureza mecânica, me refiro a: réplicas de aeronaves, componentes de aeronaves, peças de metalurgia e mecânica encontradas na oficina de Santos Dumont. A maior quantidade delas está no acervo do Museu do Ipiranga, classificadas

to fotografias do próprio Santos Dumont, de textos, assinaturas e uma imagem de uma escultura que guarda o coração do aviador.

Com a impossibilidade de vasculhar à exaustão a trajetória de cada objeto apresentado no primeiro álbum de imagens, minha proposta é descrever como Santos Dumont construiu os projetos de dirigíveis, balões e aviões. Com isso, espero demonstrar que cada um desses objetos e o conjunto deles estão diretamente relacionados à biografia do aviador e, especialmente, à construção de objetos que ainda hoje continuam provocando fascínio, medo e encanto em tantas pessoas, como é o caso dos grandes aviões. É certo que os atuais modelos de aeronaves que cruzam continentes em mais de 14 ou 15 horas não são projetos de Santos Dumont, mas a sua ousadia em construir balões, dirigíveis e as primeiras aeronaves foi importante para o atual estágio desses projetos.

Outra proposta, após o segundo álbum de imagens, é discorrer brevemente sobre as consciências individuais e coletivas (Gonçalves, 2007; Nery *et al.*, 2020; Lambrecht; Viana de Souza, 2018) forjadas no encontro com os objetos e com o próprio Santos Dumont. Isso porque, mesmo durante sua vida, o aviador despertou fascínio e provocou a construção de narrativas por meio de entrevistas, poemas e canções. As imagens mostram, ainda, objetos conhecidos pelo imaginário quando se trata de Santos Dumont: o chapéu Panamá e o terno riscas de giz. Tais acessórios de moda também provocaram construções literárias e comentários sobre a vestimenta e as formas de Alberto de se apresentar publicamente.

----

pelo próprio museu como "Equipamentos profissionais" (1.087 itens), "Instrumentos de Registro, Observação e Processamento" (51 itens), "Veículos e Acessórios" (37 itens), "Imagem e Som" (14 itens).

PRIMEIRO ÁLBUM DE IMAGENS

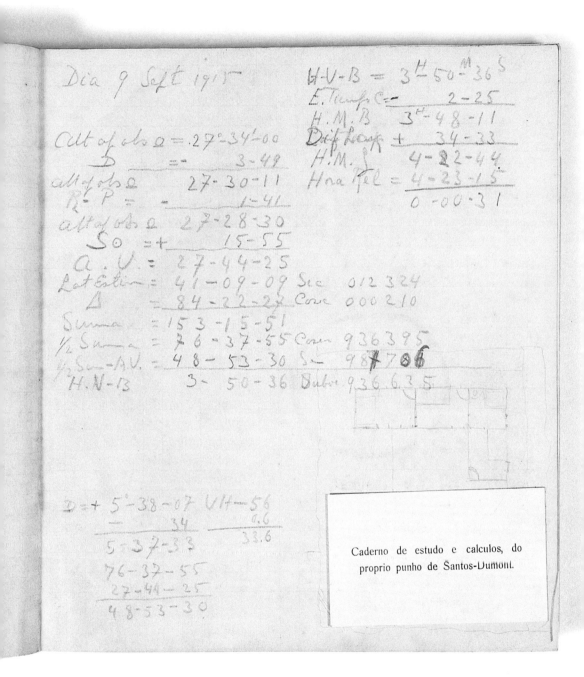

FIGURA 1 *Caderno cartonado com cálculos feitos por Santos Dumont.*

FIGURA 2 *Tubo de papelão rígido com uma extremidade fechada e outra aberta, sem tampa. Usada como arquivo e transporte de desenhos, plantas e projetos.*

FIGURA 4 *Provavalmente, era utilizada como biruta para identificação da direção do vento ou suporte de rede para captura de insetos.*

FIGURA 5 *Reservatório para gases com conexão e válvula de saída. Válvula de segurança femina com dois suportes para fixação. Reservatório de gases sobre pressão*

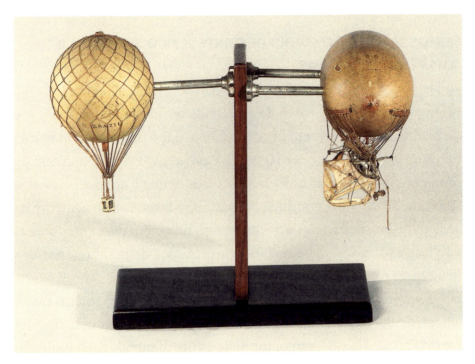

FIGURA 3 *Modelo do primeiro balão e do dirigível "Santos Dumont" N.9. O balão esférico possuía o nome de Brasil.*

FIGURA 6 *Placa de madeira em forma de sola de sapato de (pé esquerdo). Comando da direção do leme da* Demoiselle.

SANTOS DUMONT E O SONHO DE CONTROLAR O VOO DE OBJETOS MAIS PESADOS QUE O AR ·

No imaginário de boa parte da sociedade brasileira, escutar o nome de Santos Dumont remete imediatamente a um dos mais fantásticos feitos da civilização moderna, que é a capacidade do ser humano de tornar possível o voo de objetos mais pesados que o ar. Alberto Santos Dumont, no entanto, continua despertando fascínio não somente na sociedade brasileira, mas ao redor do mundo e em diferentes arenas públicas e privadas, universidades, instituições de pesquisa, museus, bibliotecas e tantos outros espaços.

É muito provável, ainda, que boa parte desse imaginário esteja vinculado apenas a um dos projetos levados a cabo por esse brasileiro: o avião *14-bis*, que, em outubro de 1906, diante de uma multidão de mais de mil pessoas e da Comissão Oficial do Aeroclube da França, percorreu uma distância de sessenta metros, em sete segundos e a uma altura de sete metros em relação ao solo.

O voo do *14-bis*, no entanto, foi precedido e sucedido por uma vida dedicada ao estudo, aprofundamento técnico e pesquisas, que incluíram a criação de outros aviões, balões e dirigíveis. A pesquisa de objetos documentais no acervo de Santos Dumont e o diálogo com outras fontes de informações, como biografias, documentários, músicas e peças artísticas sobre a vida desse brasileiro nascido na Fazenda Cabangu (Santos Dumont – MG), em 1873, revelam não apenas a sensibilidade, a inteligência e a curiosidade, mas o rigor técnico e a capacidade de se movimentar em diferentes círculos sociais para levar adiante seus projetos e o sonho da humanidade: controlar o voo, romper limites, fronteiras e conectar vidas.

Quando desembarcou em Paris, em 1891, Santos Dumont tinha 19 anos e encontrou a cidade luz fervilhando em criações técnicas, incluindo os motores a explosão que movimentavam os automóveis e a construção/exibição de balões. Santos Dumont se encantou pela capacidade de movimento dos automóveis e pela mágica dos motores a explosão. Em novembro de 1891, após alguns meses na França, a família de Santos Dumont atracou no porto de Santos trazendo o primeiro automóvel de que se tem registro no Brasil.

> Daí em diante, tornei-me adepto fervoroso do automóvel. Entretive-me a estudar os seus diversos órgãos e a ação de cada um. Aprendi a tratar e consertar a máquina. E quando, ao fim de sete meses, minha família voltou ao Brasil, levei comigo a minha Peugeot (Santos Dumont, 2016, p. 36).

O fascínio e a curiosidade provocados no encontro com o motor a combustão e o automóvel se juntaram às leituras constantes de Santos Dumont para levar adiante seu sonho de ascensão aos ares. As obras de Júlio Verne, a quem o jovem considerava seu autor preferido na juventude, instigam-no a imaginar como tornar realidade a mecânica, a potência, o equilíbrio e o controle dos objetos pelo ar. Verne fascinou o jovem de Cabangu com seus personagens que deslizavam pelos oceanos, em máquinas que anteciparam os submarinos.

A ficção Verniana permitiu, nas palavras do próprio Santos Dumont, que ele, menino crédulo no que lia, saudasse "com entusiástico acolhimento o triunfo definitivo do automobilismo, que nessa ocasião não tinha ainda nome" (Santos Dumont, 2016, p. 32). As fabulações de Júlio Verne foram, sem dúvida, estímulos para seus projetos futuros. Talvez, a ficção tenha se constituído matéria nos balões, dirigíveis e aviões que, tempos depois, o brasileiro colocaria nos ares da cidade luz.

Foi mergulhando nas leituras, depois de encontrar uma obra numa livraria do Rio de Janeiro, que Alberto continuou sonhando em ascender aos ares. O livro *Andrée – Au pôle Nord en ballon*, do francês Henri Lachambre e de seu sobrinho Alexis Machuron, foi a companhia para Santos Dumont na sua travessia de volta à França, e o encorajador para que, ao pisar novamente do outro lado do Atlântico, procurasse os construtores do balão. Alberto, em sua autobiografia, narra o acolhimento que sentiu no encontro com Lachambre e Machuron. A acolhida levou o brasileiro a realizar seu primeiro voo num balão esféril.

A primeira ascensão realizada no balão de Lachambre e Machuron foi uma experiência fundamental para que Santos Dumont pudesse observar o funcionamento de alguns equipamentos, bem como as dinâmicas do balão diante da umidade, do vento, das nuvens. Alberto não hesitou em sua primeira ascensão: estava disposto a aprender, inclusive, com os possíveis incidentes. Na sua autobiografia, ele exalta as vantagens e os limites dos feitos humanos, ao mesmo tempo (*à la fois,* como dizem os franceses) que retoma os inconvenientes dessa primeira viagem para aprimorá-la tecnicamente. Santos Dumont, *à la fois,* movimenta seus projetos entre o aprendizado, as descobertas, os ajustes e a comemoração.

A parceria com Lachambre e Machuron fez com que, em 1898, Santos Dumont colocasse nos ares de Paris o *Brasil,* seu balão *Número 1.* O menor já construído, com dimensões muito inferiores àquilo que os próprios construtores consideravam ser capaz de garantir equilíbrio. O agora projetor de balões não queria seguir com objetos pesados e desafiou os construtores a projetarem um equipamento com dimensões muito inferiores e com materiais não usuais para o período, como a seda japonesa. Para construir o projeto diante da descrença de Lachambre e Machuron, Alberto não poupou estudos e testes para provar que era possível controlar a oscilação a partir de mudanças no centro gravitacional.

Mostrou, ainda, que era necessário experimentar outros materiais para testar a capacidade de suportar a tensão. Santos Dumont descreveu sua intencionalidade em aprofundar os estudos técnicos, a observação e os testes. Ele sabia que a experiência dos balões seria fundamental para os futuros projetos com dirigíveis e aviões.

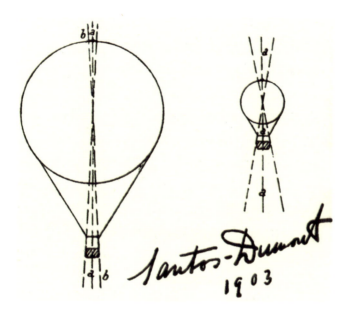

FIGURA 7 *Projeto do Balão* Brasil

> Duvido que, sem uma série de estudos e experiências preliminares em balão esférico, um homem obtenha qualquer probabilidade de ser bem-sucedido com um dirigível alongado, cujo manejo é muito mais delicado. Antes de tentar conduzir uma aeronave é indispensável ter, a bordo de um balão ordinário, aprendido as condições do meio atmosférico, feito conhecimento com os caprichos do vento, penetrado a fundo as dificuldades que apresenta o problema do lastro, sob o tríplice aspecto da partida, equilíbrio aéreo e aterrissagem (Santos Dumont, 2016, p. 50).

Santos Dumont não era irresponsável, adjetivo com o qual alguns poderiam classificá-lo. Antes de lançar o *Brasil* e antes de colocar sua vida e de outras pessoas imbricadas na experiência dos balões em risco, ele se lançou para uma ascensão no balão de Lachambre e Machuron. Aquela viagem de mais de cem quilômetros, os estudos e a rigorosidade técnica levadas a cabo nos projetos de Alberto permitiram a identificação de dinâmicas atmosféricas e o funcionamento de cabos, motores e da superfície do balão. Para voar, o balão precisava não apenas de praticidade, mas de "simplicidade de mecanismo" (Santos Dumont, 2016), conforme demonstrou Santos Dumont após subidas, voos e descidas dóceis e manejáveis do *Brasil*.

Após mais de duzentos voos, Santos Dumont declarou estar entregue à ideia de um dirigível. Antes, porém, cansado de voar sozinho no seu *Brasil*, ele ousou e projetou um novo balão, o *L'Amerique*. Além de transportar até oito passageiros, Dumont queria demonstrar que era possível ampliar a capacidade de ascensão do balão e, com isso, levar, inclusive, motor e hélices para as primeiras empreitadas de dirigibilidade. O projeto do *L'Amerique* rendeu a Santos Dumont um prêmio por fazer o balão voar, por 22 horas, 325 quilômetros.

Agora, a ousadia de Santos Dumont seria a de construir um tipo de balão cilíndrico, comprido. O gosto pela simplicidade mecânica, porém, fez o brasileiro sentir medo diante do sonho, porque as experiências com balões indicavam que o vento poderia tornar impossível o voo dos objetos cilíndricos e finos. Mais uma vez, Santos Dumont lançou mão, inteiramente consciente, de sua paixão e seus conhecimentos pela mecânica dos automóveis e pela observação dos veículos nas corridas automobilísticas. Alberto não apenas observou, mas participou de um projeto numa das corridas, objetivando testar um motor em um triciclo.

Outra vez Lachambre foi incumbido de colocar no mundo e nas alturas o sonho de Santos Dumont com seu dirigível *Número 1*. E, uma vez mais, Lachambre refugou, tentou se desvencilhar do projeto audacioso de 25 metros de comprimento, três e meio de diâmetro, abrigando cerca de 180 metros cúbicos de gás. Quando ficou pronto o dirigível *Número 1*, em meados de 1898, outros aviadores e construtores acharam perigoso o feito de levantar um balão cilíndrico movido por um motor a gás. Alberto seguiu adiante com sua simplicidade mecânica que jamais abandonou a rigorosidade técnica.

Na primeira tentativa de voo do dirigível *Número 1*, Santos Dumont relata sua frustração. O balão cilíndrico chocou-se contra as árvores que cercavam o campo, diante de uma multidão de pessoas leigas e aviadores. A frustração, no entanto, de acordo com relatos de Alberto na sua autobiografia, deu-se porque ele foi obrigado a ceder diante das indagações e das sugestões dos aviadores infiltrados na multidão. Pelo menos, diz ele, o acidente fez com que os duvidosos pudessem comprovar "a eficiência do meu motor e do meu propulsor" (Santos Dumont, 2016, p. 65).

A frustração, porém, não o encarcera num lugar de lamentações. Apenas dois dias depois, decide retomar o projeto de ascensão do dirigível e, no lugar escolhido por ele, começa a demonstração de que era possível colocar um balão cilíndrico, fino e comprido no ar. Mais que isso

> Sob a ação combinada do propulsor, que lhe imprimia movimento, do leme, que lhe fornecia direção, do cabo-pendente, que eu deslocava, dos dois sacos de lastro, que eu fazia deslizar conforme a minha fantasia, ora para diante ora para trás da barquinha, logrei a satisfação de evoluir em todos os sentidos, para a direita ou para a esquerda, de cima para baixo e de baixo para cima. (Santos Dumont, 2016, p. 65)

Era possível controlar o voo. Mais do que colocar objetos no ar e fazê-los deslocar, Santos Dumont vibra com as primeiras manobras que demonstram a capacidade do ser humano de controlar o voo. Na descida, porém, após alcançar uma altura superior ao que suportaria o gás hidrogênio, o balão dobrou-se e, com os mecanismos disponíveis, nada poderia fazer, a não ser rogar para um grupo de jovens que brincava nos campos de Bagatelle para que o ajudassem agarrando o cabo-pendente, que, nessa hora, já havia tocado o solo.

No chão, salvo do que poderia ter sido um momento trágico, na descida/queda do seu *Número 1*, Santos Dumont, mais uma vez, não se sente frustrado. Ele recorda com êxito o feito de navegar pelo ar, de sentir o vento tocar seu rosto, de sentir o avanço da aeronave. Ele demonstra mais felicidade porque não consegue encontrar, na lista já conhecida de erros aerodinâmicos, a falha que fez seu dirigível dobrar e despencar durante a descida.

Era um erro novo, que Alberto reconheceu com a mesma generosidade e rigorosidade técnica que sempre impregnava em seus projetos, mas também com expectativa diante de novas sensações corporais provocadas pelos movimentos horizontais e verticais do dirigível. No momento em que o balão se dobrou, Alberto tampouco se entregou ao medo ou ao pessimismo. Se morresse no choque contra os telhados e as chaminés francesas, esperava encontrar seu pai depois da morte.

> Em verdade, creio que em tais instantes não há lugar nem para lembranças nem espantos. O espírito está demasiadamente tenso para olhar diante de si. Ninguém sente medo senão enquanto alimenta ainda uma esperança (Santos Dumont, 2016, p. 74).

Diante do que muitos poderiam considerar uma frustração pessoal ou técnica, o jovem aviador encontra as possibilidades para continuar alçando voos com ousadia e rigorosidade, sem deixar de considerar os perigos técnicos que seus inventos poderiam ocasionar para sua própria vida, mas principalmente para a vida de quem Alberto queria transportar e conectar em suas aeronaves: a humanidade.

Nos anos seguintes, a experiência com os balões, o dirigível *Número 1* e as descobertas resultantes de intensos estudos e testes tornaram Santos Dumont um grande idealizador de máquinas de voar, máquinas controláveis pelos humanos diante da força do vento e de outras dinâmicas atmosféricas. O modelo *Número 2* voou sob condições meteorológicas difíceis, que fez com que o projeto se chocasse contra as árvores. Mais uma vez, Alberto recolhe os aprendizados e imediatamente inicia um novo projeto, o dirigível *Número 3*. Com um cilindro menor em comprimento, Santos Dumont tentou inibir as dobras e as quedas, como acontecera com os que o precederam.

No outono parisiense, Alberto alça voo no seu *Número 3*, decolando em Vaugirard e indo em direção ao Campo de Marte, onde realizou manobras, subidas, descidas e círculos, além de testar a capacidade dos motores. Não quis pousar ali. Rumou para Bagatelle, como para dizer à história que agora ele poderia descer de forma controlada, e não em queda, como acontecera no passado, naquele mesmo campo, com o *Número 1*. "A partir desse dia, não guardei mais a menor dúvida a respeito do sucesso da minha invenção. Reconheci que iria, para toda a vida, dedicar-me à construção de aeronaves", diz Santos Dumont na autobiografia publicada em 1904 (Santos Dumont, 2016).

Seguiram-se aperfeiçoando, com a ousadia e a rigorosidade técnica, os projetos de Santos Dumont. O *Número 4*, construído no contexto da Exposição Universal de Paris, em 1900, e apresentado no mesmo ano para o Congresso Internacional Aeronáutico, encorajou o aviador a ousar ainda mais na capacidade dos propulsores criados. A dirigibilidade do *Número 5* estimulou Santos Dumont a se candidatar, com esse projeto, ao Prêmio Deutsch. No dia da apresentação diante da Comissão Científica do Aeroclube, sob condições de vento não imaginadas por Alberto, o motor parou de funcionar e o dirigível despencou.

O balão não sofreu muitos rasgos, mas os metros cúbicos de ar escaparam. Algum tempo depois, em outras tentativas de se apresentar para a Comissão, o *Número 5* novamente sofre, mas agora Santos Dumont consegue, voando, identificar os problemas, desligar uma ou outra peça e fazer com que, mesmo caindo, o incidente não seja uma ameaça à vida. Vinte dias após cair com o *Número 5* sobre o Trocadero, Santos Dumont conclui o projeto do *Número 6*, que também sofreu um acidente. Alberto se apressa na restauração do projeto e, em outubro de 1901, apresenta-se com o *Número 6* e vence o Prêmio Deutsch.

O Prêmio Deutsch entusiasma Alberto. Os projetos dos dirigíveis são aprimorados e, além das técnicas para solucionar falhas nos propulsores, no armazenamento de gás, na velocidade ou no controle,

FIGURA 8 *Santos Dumont com o Número 6, contornando a Torre Eiffel, antes de ganhar o Prêmio Deutsch*

Santos Dumont deseja que suas máquinas sejam acessadas por outras pessoas, ou seja, que, além de transportarem apenas um passageiro, os dirigíveis sejam utilizados para corridas, passeios e transporte urbano.

Assim, desenvolveu o *Número 7*, em 1902, construído para participar de corridas. Em seguida, criou o *Número 9*, que ele próprio considerava extremamente portátil. Era o menor dos dirigíveis, media apenas dez metros e tinha um motor com três cavalos de potência. Com esse modelo, Santos Dumont pretendia popularizar as aeronaves e, para isso, realizava frequentes voos nos arredores de Paris para demonstrar a praticidade de seu invento.

O dirigível *Número 10* inaugura os modelos capazes de transportar mais de um passageiro. Com quarenta e oito metros de comprimento, o maior dirigível criado por ele tinha capacidade para transportar até 20 passageiros. Apesar do intento ousado, o *Número 10* não foi comercializado. Por fim, antes de se embrenhar no projeto do *14-Bis*, o aviador fez nascer o *Número 14*, considerado o projeto embrionário do avião. Foi um apoio para o *14-Bis*, ou seja, o avião seria carregado pelo dirigível. A instabilidade e a dificuldade do avião em se manter preso ao dirigível acabaram fazendo com que Santos Dumont deixasse de lado a empreitada do *Número14*.

OS VOOS DO *14-BIS* E O NASCIMENTO DO FUNDADOR DA AVIAÇÃO

Desde sua ascensão com os balões – a construção do *Brasil* e do *L'Amerique* e a série numerada de dirigíveis –, Santos Dumont almejava encontrar arranjos técnicos para tornar possível a conciliação dos seguintes elementos: potência, sustentação, peso e equilíbrio. É esse arranjo que permitiria fazer com que objetos mais pesados que o ar voassem e que o homem pudesse controlar o voo dos mesmos inventos. Assim, em 1905, Alberto traça os primeiros projetos de aparelhos mais pesados que o ar. Seguiram-se os estudos, o diálogo com os fabricantes das peças do *14-bis*, as observações. Pouco mais de um mês após a tentativa de decolagem acoplada ao dirigível, em 23 de agosto, a aeronave elevou-se sozinha e voou. Santos Dumont queria testar a estabilidade e o controle do modelo. A instabilidade constante não agradou o brasileiro, que mais uma vez se declarou insatisfeito com o que observara.

Antes do voo histórico, Santos Dumont realizou outro teste com o *14-bis*. Em outubro do mesmo ano, diante de uma multidão de pessoas e da Comissão Oficial do Aeroclube da França, o avião percorreu, em sete segundos, uma distância de sessenta metros, a dois metros do solo. Porém, apesar do sucesso, durante o pouso, as rodas foram danificadas. Os ajustes nas asas, a retirada da roda traseira e da estrutura que segurava a hélice não foram suficientes para tornar o *14-bis* totalmente controlável.

O voo histórico aconteceria poucas semanas depois, no dia 12 de novembro de 1906. Durante um dia inteiro de testes, Santos Dumont lançou mão de sua rigorosidade técnica para fazer várias tentativas e aprimoramentos. No final da tarde daquele dia de outono, no Campo de Bagatelle, Santos Dumont ofereceu mais uma vez ao mundo sua inteligência genial: pela primeira vez, o homem tinha voado sem o auxílio externo. O *14-bis*, naquele dia, assumiu três recordes reconhecidos pela aviação mundial: em vinte e um segundos, percorreu 220 metros, a 41 quilômetros por hora, a uma altura de seis metros em relação ao solo. Naquela tarde, a história testemunhou o primeiro voo homologado pela Federação Internacional de Aeronáutica, e Santos Dumont tornar-se-ia, em seguida, o fundador da aviação.

Os projetos de Alberto, o brasileiro que fez o Brasil voar primeiro nos céus de Paris e depois pelos ares de todo o planeta, seguiram após o histórico voo de novembro de 1906. O último voo do *14-bis* foi em 04 de abril de 1907. Santos Dumont queria resolver os problemas de instabilidade. Naquele dia, porém, após sucessivas tentativas, o avião bateu no chão e sofreu graves danos. Santos Dumont decidiu não reparar, mas aproveitar os inventos para construir os projetos seguintes. O *Número 15*, um biplano de onze metros de comprimento, alimentado por um motor Antonieta de 50hp. O modelo *16*, que, mesmo incapaz de voar, demonstrava a possibilidade de ampliação da superfície do avião.

Um ano após o voo histórico do *14-bis*, Santos Dumont recolheu todos os aprendizados e testou pela primeira vez o *Número 19*, o pequeno-grandioso *Demoiselle*. Tais modelos foram aperfeiçoados seguidamente até o *Número 22*, mostrando uma vez mais a capacidade incrível do fundador da aviação de aprimorar e oferecer ao mundo um equipamento capaz de conectar fronteiras, diminuir distâncias físicas e apressar encontros, projetos e sonhos.

Com o *Demoiselle*, Santos Dumont bateu novos recordes de aviação, por exemplo, quando, em setembro de 1909, o *Demoiselle* (*Número*

FIGURA 9 *Agence Meurisse – "Libellule de Santos – Dumont"*, setembro de 1909

22) voou dezoito quilômetros em 16 minutos, além de disponibilizar os modelos para a fabricação e a popularização das aeronaves.

A insistência de Santos Dumont permitiu à humanidade romper com o desconhecido, sem, com isso, deixar de respeitar os ventos, como ele mesmo narra em sua autobiografia (Santos Dumont, 2016). Ele voou reconhecendo a força e a parceria dos ventos. Não queria desafiar a qualquer custo a atmosfera. Quis conhecer, sentir e experimentar como as forças da natureza poderiam ser parceiras de suas invenções. Laborou durante décadas, entre estudos, projetos e voos, para tornar possível a estabilidade e o controle dos aviões.

A pesquisa no seu acervo é um reencontro com a capacidade técnica e a sensibilidade desse brasileiro, que morreu em julho de 1932, no Guarujá (SP). Mais adiante, abordarei o fim da vida do aviador, quando for apresentada uma imagem da escultura que guarda seu coração.

SEGUNDO ÁLBUM DE IMAGENS

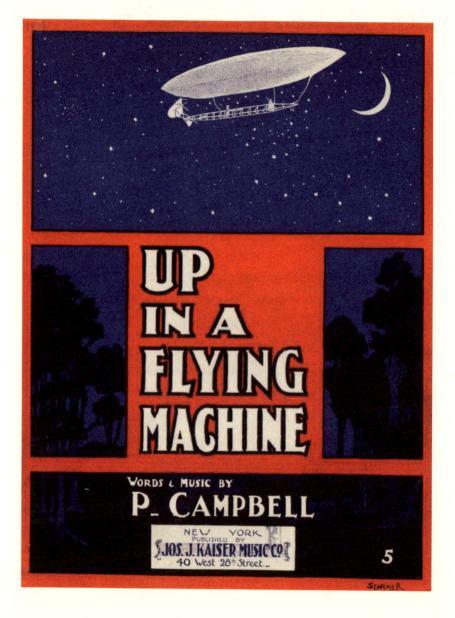

FIGURA 10 *"Up in a flying machine"*, 1902

FIGURA 11 *Recortes de revistas e jornais sobre Santos Dumont.*

FIGURA 12 *Capa do livreto "A conquista do ar – cântico ao arrojado astronauta – Santos Dumont – A Glória do Brasil". Sem autor, 1902.*

A PRODUÇÃO DE NARRATIVAS SOBRE VESTIMENTAS E ACESSÓRIOS DE SANTOS DUMONT

No mesmo período em que era realizada a pesquisa nos diversos acervos nacionais e internacionais para identificar os objetos legados por Alberto Santos Dumont, o trabalho aqui apresentado encontrou uma vasta produção literária, musical e fotográfica de outras pessoas admiradoras da vida e das realizações do mineiro de Cabangu. Além disso, vale destacar que, em alguns dos acervos pesquisados, foram encontrados objetos relacionados a essa produção visual, musical e literária, como mostra a figura 13 e como veremos em outras adiante.

A partir das fotografias encontradas na pesquisa nos acervos, nossa proposta é apresentar algumas narrativas encontradas em entrevistas, livros e produções artísticas e musicais sobre as vestimentas utilizadas por Santos Dumont nas suas aparições públicas, bem como a exaltação de suas obras e o vínculo com um projeto de construção de identidade nacional.

No dicionário Michaelis, entre os seis significados disponíveis para a palavra "elegância", dois vêm ao encontro de nossas inquietações neste trabalho: "1) harmonia de formas e proporções; donaire, galhardia, garbo e 2) qualidade do que se faz com apuro e esmero no que diz respeito ao vestuário e à maneira ao mesmo tempo sofisticada e simples de usá-lo; alinho, apuro, bom gosto".[16]

Santos Dumont, de acordo com relatos e biografias, sempre estava acompanhado de seu fotógrafo pessoal. Queria registrar os feitos de sua carreira como aviador, claro, mas isso também permitiu um legado histórico de seu esmero com as vestimentas.

Em algumas figuras apresentadas no segundo álbum, estão des-

---

16. MICHAELLIS. Elegância: Disponível em: https://michaelis.uol.com.br/moderno-portugues/busca/portugues-brasileiro/eleg%C3%A2ncia%20/. Acesso em: 4 jul. 2023.

tacadas as vestimentas, os tecidos e os tipos de roupa utilizados pelo aviador. Nas fotografias, estão em destaque o chapéu, os ternos, as gravatas e os sapatos. Nos desenhos, capas de livretos e recortes de revistas e jornais, é possível identificar que os itens do vestuário e os acessórios de Santos Dumont eram destaques na produção de outros objetos, sejam eles artísticos, literários ou jornalísticos.

Alberto se apresentava publicamente com seus ternos riscas de giz, camisas de colarinho alto e engomado, sapatos com salto e seu chapéu Panamá. É provável que o famoso chapéu seja um dos objetos do acervo de Santos Dumont que mais provocam fascínio/encanto, porque constrói imediatamente uma consciência individual e coletiva da relação do Brasil e dos brasileiros com o inventor.

> Alberto, sob tal ângulo, não causava decepção ao caricaturista, pois a sua bizarra elegância era indiscutível: o aeronauta usava um chapéu Panamá desabado, ternos escuros com listas verticais, bem justos; calças arregaçadas na bainha e um tanto curtas; colarinhos altos, duplos, bem fechados e bem engomados; luvas de pelica; punhos largos e alvíssimos, de abotoaduras à mostra; gravatas de tons discretos e propositadamente frouxos (Jorge, 1973, p. 133).

Santos Dumont, nas palavras de Mathilde Boyon, assessora da famosa joalheria Cartier, "lançou modas, como o chapéu de palha Panamá e suas golas de camisas" (Folha de São Paulo, 1998). Várias imagens encontradas nos acervos de Santos Dumont, especialmente, em fotografias, mostram que, desde muito cedo, em Paris, Alberto se apresentou acompanhado do seu chapéu: um acessório ajustado delicadamente na cabeça daquele homem franzino.

A partir de julho de 1903, no entanto, Santos Dumont começa a aparecer publicamente com o chapéu Panamá com a aba desabada, aparentemente desajustado. O motivo é que, durante um voo do seu Nº 9, enquanto Alberto atravessava o Sena para aterrissar em Puteaux, o dirigível começou a pegar fogo. Imediatamente, ele utilizou o chapéu para dar fim às chamas. Santos Dumont pousou com segurança, e o chapéu que evitou um acidente seria, a partir de agora, visto com um novo formato em suas aparições públicas.

Enquanto o chapéu Panamá salvou Santos Dumont de um possível acidente no voo do Nº 9, outro acessório veio ao mundo com a finalidade de contribuir para a segurança dos voos, ou para a melhor performance do piloto enquanto manobrava seus projetos no ar. Dois anos antes de alçar voo no *14-bis*, Santos Dumont estava incomodado com a falta de praticidade dos relógios de bolso. Enquanto pilotava, para controlar o tempo, ele precisava levar a mão ao bolso, retirar o relógio e verificar o horário. Tal incômodo foi relatado por ele próprio ao seu amigo, o francês Louis Cartier, que, em 1904, ofereceu a Santos Dumont um modelo do que seria um dos primeiros relógios de pulso utilizado por homens.

> Foi a amizade de Santos Dumont, aeronauta e inventor brasileiro, e Louis Cartier, fundador da marca francesa, que deu origem ao primeiro relógio de pulso de que se tem registro. Santos, na época morando em Paris, se queixava para o amigo Cartier da dificuldade de, tendo as duas mãos ocupadas ao pilotar, cronometrar o tempo de voo usando um relógio de bolso. Era o início do século 20 e o progresso do pai da aviação era mensurado justamente por quanto tempo conseguia se manter no ar (Torres, 2018).

Agora, com um relógio de pulso, Santos Dumont não precisava tirar as mãos do controle dos balões e dos aviões. Bastava um olhar rápido para o pulso e teria o controle do tempo que gastava para atravessar o Sena, Bagatelle e outros campos do mundo.

Mais uma vez e, graças aos cuidados do amigo Cartier, Alberto trazia ao mundo um objeto com funcionalidades técnicas importantes. O Cartier Santos, como ainda é conhecido na atualidade, é um acessório funcional e simples: duas alças de couro prendem uma caixa de metal ao centro, na qual as horas são marcadas e o tempo avança.

OBJETOS PRODUZIDOS SOBRE OS PROJETOS E A TRAJETÓRIA DE SANTOS DUMONT

Enquanto Paris assistia à história voar diante dos campos da cidade luz, no Brasil, a fama de Santos Dumont era celebrada na literatura, na música e em outras manifestações da arte. Em agosto de 1903, Monteiro Lobato exaltou a genialidade e a elegância de Alberto.

> Não se fala, não se vê, não se ouve, não se come, não se sonha outra coisa que não seja ele, sempre ele, com o histórico panamazinho, sempre sobre todas as formas, em todos os estilos, nas gravuras, nos trocadilhos, nos discursos, nos jornais, nos telegramas, nas peças, nos teatros, nos concertos, no céu, na terra, em toda a parte. É sempre ele, é sempre o ilustre brasileiro, o intrépido aeronauta, escalavrado de comentários patrióticos, arranhado, mordido, disputado, é sempre ele, o santo, o herói supremo, o mártir da retórica nacional. (Lobato *apud* Cavalheiro, 1955, p. 71).

Ora, é oportuno sublinhar que a vida de Santos Dumont construiu relações sociais entre o Brasil e o inventor, é claro, e principalmente seus projetos relacionados à aviação foram inspirações para construir relações individuais e coletivas com as próprias coisas e com o próprio aviador. Vejo os objetos identificados nos acervos, como nos exemplos do segundo álbum de imagens, construindo relações entre sujeitos e coisas, entre artistas, escritores, fotógrafos, jornalistas e a biografia de Santos Dumont.

Da mesma forma, as próprias instituições em que se localizam as coleções e os acervos são espaços que tornam possíveis a constituição de tais relações, porque, como afirma Gonçalves (2007, p. 25), a instituição museal "parece estar intrinsecamente associada aos processos de formação simbólica de diversas modalidades de autoconsciência individual e coletiva no ocidente moderno".

Nesse sentido, vale ressaltar como o encontro com o acervo legado por Santos Dumont e com a produção literária, musical e audiovisual, que aconteceu durante e depois de sua vida, são importantes para a constituição de consciências individuais e coletivas. A crônica de Monteiro Lobato, por exemplo, foi escrita enquanto Alberto levantava seus dirigíveis nos campos de Paris e exaltava não apenas a genialidade técnica, mas o que pode ser considerado como um orgulho em compartilhar a nacionalidade e a pátria com um "ilustre brasileiro".

Quando proponho analisar os itens dos acervos sobre Santos Dumont a partir de elementos além da sua materialidade, significa considerar trajetórias e a biografia cultural (Kopytoff, 2008), bem como as capacidades de provocar fascínio e encanto e de construir relações com os sujeitos.

É provável que, em diferentes círculos, falar sobre os objetos de Santos Dumont e sua importância para o Brasil imediatamente leva a considerar os objetos ou acervos como patrimônios culturais. Gonçalves (2007) lança mão do que ele chama de "categoria universal de bens" para pensar nos objetos que, retirados da sua utilização cotidiana, são transformados em patrimônio cultural. Patrimônio, de acordo com suas reflexões, é aquilo que é reconhecido socialmente nas suas funções social e simbólica de construir relações entre passado, presente e futuro.

Retirados da circulação em jornais e revistas e da produção literária, por exemplo, os objetos apresentados no segundo álbum de fotografias têm a capacidade de fazer conexões entre o passado e o presente, pelo menos, numa tentativa constante empreendida por diferentes instituições brasileiras de visibilizar a biografia e o legado de Santos Dumont e sua importância para a formação de uma narrativa sobre o próprio país.

Ao assumir os objetos pesquisados como parte ou com potencial de serem reconhecidos como patrimônio cultural, faço-o porque identifico nessas coisas a capacidade de constituir e afirmar relações e consciências, como mostra Weiner no trecho seguinte

> Nós usamos objetos para fazer declarações sobre nossa identidade, nossos objetivos, e mesmo nossas fantasias. Através dessa tendência humana a atribuir significados aos objetos, aprendemos desde tenra idade que as coisas que usamos veículam mensagens sobre quem somos e sobre quem buscamos ser. [...] Estamos intimamente envolvidos com objetos que amamos, desejamos ou com os quais presenteamos os outros. Marcamos nossos relacionamentos com objetos [...]. Através dos objetos fabricamos nossa auto-imagem, cultivamos e intensificamos relacionamentos. Os objetos guardam ainda o que no passado é vital para nós. [...] não apenas nos fazem retroceder no tempo como também tornam-se os tijolos que ligam o passado ao futuro (Weiner, 1988, p. 159).

Ao discorrer sobre o poder dos objetos, a antropóloga convida a olhar para a capacidade dos objetos de favorecer e mediar a construção de pertencimentos e identidades. No caso dos objetos nos acervos de Santos Dumont, além de criar relações individuais com os sujeitos, sublinhar que o próprio Alberto desejou criar e fortalecer um imaginário brasileiro, uma identidade e uma relação com seu país de origem. É assim com o nome do primeiro balão, o *Brasil*, e, de forma mais acentuada, num de seus conhecidos traços: a assinatura.

Na mensagem escrita em 1920, na "A Encantada", casa de verão de Santos Dumont em Petrópolis, o inventor celebra a popularidade do modelo *Demoiselle*. Um detalhe que muitas vezes passa despercebido no senso comum é o sinal = na sua assinatura: *Santos=Dumont*. Celebrado nos círculos parisienses, reconhecido por figuras ilustres da França e de outros países, o mineiro reafirmava sua origem e o desejo de respeito com sua identidade brasileira. O sinal na assinatura foi uma das maneiras encontradas para sublinhar que ele se reconhecia um brasileiro. O sobrenome Santos, comumente encontrado no registro de milhões de brasileiros, foi elevado por Alberto na afirmação de "igualdade" com a grafia francesa de Dumont (Jorge, 1973).

Seja a assinatura *Santos=Dumont*, que conscientemente produz arranjos para afirmar sua identidade nacional, seja a relação produzida nos encontros dos sujeitos com os objetos do acervo, todas elas instigam a produção de identidades nacionais, individuais e coletivas. Os encontros com os objetos "estão por sua vez a nos 'inventar', uma vez que materializam uma teia de categorias de pensamento por meio das quais nos percebemos individual e coletivamente" (Gonçalves, 2007, p. 29).

A construção de possíveis identidades brasileiras a partir da vida e do legado de Santos Dumont ganhou arranjos musicais e ocupou palcos de serestas e choros. Em 1902, um ano após o histórico voo de Alberto que contornou a Torre Eiffel com o dirigível Nº 6, o compositor, poeta, cantor e violonista brasileiro Eduardo das Neves se inspirou para criar sua primeira composição: "A Conquista do Ar". Os trechos da canção exaltam os feitos de Santos Dumont, mas, principalmente, o Brasil e um brasileiro que alcançou o que o mundo inteiro desejava: o voo de objetos mais pesados que o ar e o controle de balões e aviões.

A CONQUISTA DO AR

A Europa curvou-se ante o Brasil
E clamou parabéns em meio tom
Brilhou lá no céu
Mais uma estrela.

Apareceu Santos Dumont
Salve Estrela da América do Sul
Terra, amada do índio audaz, guerreiro!
A glória maior do século 20.

Santos Dumont, um brasileiro!
A conquista do ar que aspirava
A velha Europa
Poderosa e viril
Rompendo o véu que assustava
Quem ganhou foi o Brasil!
Por isso, o Brasil, tão majestoso.

Do século, tem a glória principal
Gerou no seu seio o grande herói
Que hoje tem um renome universal
Assinalou para sempre.

O século vinte
O herói que assombrou
O mundo inteiro
Mais alto que as nuvens
Quase Deus, Santos Dumont
É o brasileiro.

É uma exaltação explícita da forma como os europeus transformaram suas percepções sobre o Brasil, pelo menos no que dizia respeito à capacidade de criar, inventar, produzir. No início do século XX, diante de transformações industriais sem precedentes, um jovem vindo de um território até então reconhecido na Europa apenas como produtor de matérias-primas realiza um dos grandes sonhos da humanidade, que é o de voar e controlar objetos no ar.

IDENTIDADES NACIONAIS AFIRMADAS A PARTIR DA PRODUÇÃO SOBRE SANTOS DUMONT

No início do século XX, quando Santos Dumont realizava seus inventos e elevava o nome do Brasil diante da Europa e do mundo, as terras brasileiras experimentavam transformações profundas nos arranjos políticos, sociais e econômicos, o avanço da industrialização e o crescimento das cidades, por exemplo. Anos antes, no final do século anterior, vale lembrar a queda do regime monárquico e a Proclamação da República, ocorrida em 1889.

É nesse contexto de construção de um projeto de identidades políticas do país que a trajetória de Santos Dumont desperta a atenção de outros brasileiros contemporâneos a ele, mas também emerge como um fator político importante para demarcar o lugar do Brasil frente ao mundo. A proclamação de Santos Dumont como um "quase Deus", na canção de Eduardo das Neves, marca a construção de um herói brasileiro capaz de produzir consciências individuais e coletivas no Brasil e dos brasileiros diante de outras nacionalidades.

Nesse sentido, o encontro com os objetos legados por Santos Dumont, se analisados desde a perspectiva do patrimônio cultural, permite aos sujeitos construírem relações entre o passado e o presente, não somente com a trajetória e o legado de Santos Dumont, mas com processos de construção e afirmação de uma suposta identidade nacional, tal qual indica Gonçalves (2007). Os objetos e os patrimônios inventam os indivíduos e as coletividades, os objetos de e sobre Alberto inventam algumas das narrativas sobre o Brasil e sobre uma imaginada identidade brasileira.

Benedict Anderson (2008) abordou com vários argumentos e situações históricas e políticas a construção de nacionalismos e da própria ideia de nação. Abandonando perspectivas até então comuns, centradas na política, na economia e nas fronteiras geográficas, Anderson adota uma perspectiva de análise cultural que busca, entre outros fatores, compreender como a produção e a circulação de textos e outros documentos materiais alcançam os sujeitos e produzem uma consciência de pertencimento a uma comunidade – a nação.

Considerando aquele contexto político de construção de uma narrativa sobre a identidade brasileira e a conformação de suas instituições políticas (especialmente, a República), a produção e a circulação de peças literárias, musicais e jornalísticas sobre Santos Dumont naquele período podem ser analisadas como uma tentativa de fortalecer as consciências dos sujeitos na sua relação com essa nação em construção, já que os objetos encontrados na pesquisa mostram que eram exaltadas não apenas a genialidade do aviador, mas principalmente sua biografia: "Estrela da América do Sul... Quem ganhou foi o Brasil! Por isso, o Brasil, tão majestoso... O herói que assombou o mundo inteiro", como canta a canção de Eduardo das Neves.

Não são apenas objetos que foram utilizados em algum momento por Santos Dumont. Não mais do que meros utensílios, artefatos, motores, birutas, anotações de cadernos ou um mostruário de invenções para seus projetos de aviação. Deslocados agora para coleções, museus e outras instituições, os sujeitos constroem relações com tais objetos para produzir narrativas sobre suas experiências individuais e coletivas. Reafirmam, reconstituem, modificam e ampliam a própria consciência coletiva.

É nesse sentido que é possível falar numa memória que impregna e restitui "a alma nas coisas", referida a uma paisagem (inter)subjetiva onde o objeto (re) situa o sujeito no mundo vivido mediante o trabalho da memória, ou ainda, é da força e dinâmica da memória coletiva que o objeto, enquanto expressão da materialidade da cultura de um grupo social, remete à elasticidade da memória como forma de fortalecer os vínculos com o lugar, considerando as tensões próprias do esquecimento (Silveira; Lima Filho, 2007, p. 39).

Os objetos do acervo de Santos Dumont, além de relações que provocam questões sobre biografia e consciências individuais e coletivas, evocam aquilo que Gell chamou de a instrumentalidade e a espiritualidade. Para encontrar a instrumentalidade dos objetos, podemos recorrer à sua materialidade. Porém, para buscar a alma ou a espiritualidade dos objetos, é preciso conhecer sua biografia. Não é possível, portanto, separar a instrumentalidade dos objetos (Gell, 2001) de Santos Dumont do significado espiritual e simbólico que eles constroem de forma complexa na relação com os sujeitos, incluindo a memória coletiva e os vínculos com lugares: Cabangu, Minas, Paris, Petrópolis e, principalmente, Brasil, seja lá o que essa comunidade imaginada signifique.

Por fim, com mais uma imagem encontrada no acervo, destaca-se a possibilidade dos objetos de fortalecer a capacidade de outros seres humanos de pensar sua relação com lugares reais ou imaginados, tal como faz o romancista holandês Arthur Japin, que continua a se inspirar na trajetória e no legado de Santos Dumont para escrever histórias e fabular o mundo. Um dos principais livros do escritor é *O homem com asas* (Japin, 2016), narrado entre o que pode ser considerado como romance policial e histórico.

Nele, Japin oferece ao mundo, mesmo na ficção, uma oportunidade de reencontro com a história de Alberto, especialmente, um dos episódios menos comentados no contexto da sua morte, que é a retirada do coração por parte do médico Walther Haberfield, legista que preparou o corpo após ser encontrado num hotel de Guarujá, em São Paulo. O médico quis analisar a causa da morte de Santos Dumont, por isso retirou o órgão (Negrão, 2020), que ainda hoje está conservado num estojo no acervo do Museu Aeroespacial no Campo dos Afonsos, no Rio de Janeiro.

Alberto Santos Dumont foi encontrado sem vida no dia 23 de julho de 1932, no banheiro do Grand Hôtel de La Plage, na cidade de Guarujá (SP). Aos 59 anos, o aviador foi acometido por uma depressão e, entre as prováveis causas, estava sua tristeza profunda ao ver aviões sendo utilizados em atividades de guerra. Outras narrativas contam que, além desse descontentamento, outras situações também fragilizaram Santos Dumont, o qual, desde 1910, apresentava problemas de saúde, como o diagnóstico de uma esclerose múltipla, que fez com que ele retornasse ao Brasil em 1915 para se refugiar na A Encantada, sua casa em Petrópolis (RJ).

O coração de Santos Dumont, guardado numa escultura e exposto no Museu Aeroespacial no Rio de Janeiro (RJ), é um exemplo de como os objetos se transformam e dão continuidade às suas biografias ao serem deslocados de sua circulação cotidiana. No caso do coração, ainda mais, porque não se tratou de uma retirada de circulação de um objeto material externo ao sujeito, mas de um órgão do corpo humano. Um órgão primeiro guardado por mais de uma década, depois transformado em objeto e exposto num museu. Junto com outros objetos, o coração exposto está impregnado de alma, trajetórias anteriores, biografias. Inanimado? Sem vida? Se já não pulsa nas suas funções primeiras, dentro do corpo de Santos Dumont, encontra outros sujeitos para dar continuidade à sua biografia como coisa.

FIGURA 13 *Escrínio do Coração de Santos Dumont.*

CONSIDERAÇÕES FINAIS

A oportunidade de produzir esta pesquisa de pós-doutorado trouxe a possibilidade de criar aquilo que se denomina "Guia de Fontes" para o acervo de Alberto Santos Dumont. No desenrolar dos trabalhos, desnudaram-se caminhos abertos e obstáculos, um conjunto de aspectos que podem ser levados em consideração, não apenas para a construção do documento final desta pesquisa, mas para o apontamento de pesquisas futuras que serão "guiadas" por ele.

Portanto, não há título mais apropriado para o resultado final deste trabalho que "Guia de Fontes", um roteiro para todas as vindouras pesquisas que navegarão no grande acervo legado por Santos Dumont. Um "guia" se presta a servir de mapa, que apresenta não apenas caminhos, mas também aponta obstáculos, sejam naturais ou artificiais. E será dessa forma que conduzirei nosso relato a seguir exposto.

A proposta foi desenvolver uma pesquisa inteiramente digital. A razão principal para essa postura foi o desejo de testar a situação dos acervos brasileiros frente aos estrangeiros, especialmente em relação à agenda de disponibilização de informação do século XXI: criar acessibilidade para as informações. Imaginemos, por exemplo, se esta mesmíssima pesquisa fosse realizada na década de 1980, visitando os mesmos acervos. Seriam, seguramente, cerca de dois anos, ou até mais, de trabalho, com custo financeiro muito alto. Devemos pensar que a pesquisa exigiria viagens e hospedagens (nacionais e internacionais); documentação (fotográfica e manuscrita) de cada acervo; revelação de fotogramas; datilografia de dados e até colagem de fotografias para listagem final etc.

Com a pesquisa digital, todo esse trabalho já pode ser realizado em prazo mais curto, de tão somente alguns meses e com custo infinitamente menor, o que certamente não diminuiu o compromisso metodológico com o trabalho. Pelo contrário, na antropologia, na museuologia ou em qualquer outra área que se proponha a etnografar e pesquisar acervos digitais, estamos constantemente desafiados a refletir sobre princípios epistemológicos que permitam a produção de conhecimentos fundamentados de acordo com as premissas éticas, políticas e metodológicas que constituem nossas áreas de conhecimento, neste caso, da antropologia.

A pesquisa digital dissolve, pois, várias barreiras, aproximando pesquisador e acervos, agilizando processos e diminuindo custos. É prevista como meta atual das grandes coleções institucionais: internacionalizar o acesso aos bens culturais e reduzir o contato com as obras físicas, com isso, reduzindo impactos de manuseio, gastos com estruturas e profissionais de atendimento etc. Tal objetivo é já perseguido e alcançado por diversas instituições mundiais, que mantêm museus com visitas virtuais, deixando virtualmente "abertas as portas" das suas reservas técnicas, alcançando o grande público no formato on-line. Entendo, assim, ser uma diretriz fundamental para políticas institucionais direcionadas às pesquisas acadêmicas e à fruição cultural.

As tecnologias digitais e das redes de informação trouxeram uma nova era para os acervos, tornando-os acessíveis de forma remota. Esta pesquisa evidencia, de fato, certa fragilidade dos acervos e das instituições nacionais, justamente por não zelarem por tornar seus acervos disponíveis e/ou em condições padronizadas, para os pesquisadores. Além disso, empreguei muita energia em localizar e obter acesso, ainda que presencial. Oxalá o presente diagnóstico dos problemas persistentes, ora indicados, possa se converter em estímulo para a atuação de bons gestores culturais em prol do legado de Alberto Santos Dumont.

O resultado numérico desta pesquisa surpreende, pois contempla coleções que não haviam sido listadas em pesquisas anteriores. Ainda que pequenas, estas contribuem para o resultado final, tais como os acervos do *Library of Congress* (LOC), *Smithsonian Institution, Pathé Gaumont*, entre outras. Esse resultado demonstra que, enquanto não abrirmos todas as gavetas e vasculharmos todos os documentos, não saberemos de fato a profundidade e a extensão da herança cultural de Santos Dumont, no que diz respeito aos documentos deixados por ele e produzidos sobre ele.

Essa é uma tarefa contínua, reconheço, e tenho certeza de que o Catálogo Racional disponibilizado a partir deste trabalho será fundamental para essa tarefa, seja na antropologia, na museologia, na arquivologia ou em outras áreas interessadas em analisar a contribuição dos objetos e dos acervos para a construção de relações, a produção de consciências individuais e coletivas e as construções de narrativas sobre identidades nacionais.

As primeiras incursões que realizei a partir do Catálogo Racional nos acervos de e sobre Santos Dumont abriram variadas janelas de identificação e análises. Seria impossível conhecer a biografia cultural (Kopytoff, 2008) de cada um dos mais de 7.000 objetos que identifiquei, incluindo suas características materiais e as finalidades com as quais cada um desses objetos foram produzidos. Tampouco teria oportunidade, durante o período de estágio pós-doutoral, de etnografar o processo de muscalização ou de deslocamento para instituições e acervos de cada uma dessas coisas. Com isso, saliento que o que chamei de biografia dos objetos não esgota todas as questões sobre eles, como mostra Loureiro (2018). Não existe apenas uma descrição possível sobre eles, e tenho convicção de que aquilo que apresento é resultado de um olhar localizado no tempo e no espaço, o meu olhar como pesquisador que também tem trajetórias e interesses analíticos.

Ao escolher alguns desses objetos, como as peças de natureza mecânica, as fotografias, os recortes de jornais, as anotações, os cartões e os desenhos de e sobre Santos Dumont, encontrei pelo menos pistas históricas e, com elas, construí uma narrativa inicial sobre a relação de tais objetos com a biografia do próprio Santos Dumont, especialmente, com seus projetos para a construção de balões, dirigíveis e aeronaves. Como pesquisador, foi uma possibilidade de me relacionar e construir algumas análises sobre a relação entre os objetos e suas finalidades, suas funções técnicas antes de serem deslocados para os acervos. Relações que podem ser estabelecidas por outros sujeitos, pesquisadores ou por quem visita as coleções, os acervos e as instituições.

Ao mesmo tempo, compreendo que reunir o conjunto de objetos em álbuns de imagens, como fiz em dois momentos deste relatório, é importante para que cada um seja também biografado na sua relação com os demais. Se cada coisa tem o poder de despertar fascínio por suas finalidades técnicas na construção dos projetos do aviador, parece que é interessante biografá-los nas articulações que fazem para produzir uma nova coisa.

Os cálculos de próprio punho elaborados por Santos Dumont, o tubo de papelão utilizado para carregar os desenhos, a biruta, o reservatório para gases e a placa de madeira em formato de sola de sapato: cada qual com suas materialidades, cada qual produzido com uma finalidade técnica ou utilitária. Juntos, no entanto, são partes dos projetos de Santos Dumont e dos resultados obtidos na construção de seus inventos, o que sugere reconhecer que cada item pesquisado existe na relação com Santos Dumont ou com os sujeitos que têm algum contato com tais objetos, mas também com outros itens. Para traçar a biografia cultural dessas coisas, é preciso relacioná-las com as demais, porque, fora dessa relação, os objetos continuariam sendo um emaranhado de coisas sem vida ou servindo apenas para reificar ideias a partir de análises concentradas apenas em suas composições materiais.

O caminho metodológico que optei para as primeiras análises sobre os objetos catalogados levou-me, ainda, a identificar como objetos produzidos sobre Santos Dumont construíram narrativas sobre o Brasil, vangloriando as criações do aviador sempre articuladas ao seu lugar de nascimento. A produção literária, musical e jornalística destacava sua forma de se vestir e os acessórios utilizados, principalmente, o chapéu Panamá e as gravatas colarinho, mas principalmente empreenderam com estratégias narrativas e visuais para ressaltar que aquele homem era brasileiro. Um herói brasileiro que se destacou diante de outras nacionalidades com suas invenções técnicas para tornar possível o voo de objetos mais pesados que o ar.

Como demonstrado, não se tratava de uma narrativa deslocada do contexto político que vivia o Brasil, visto que, naquele momento, as instituições da recém proclamada República estavam ocupadas em afirmar uma ideia de nação, uma identidade nacional que agregasse os sujeitos. Nesse processo, a produção de peças musicais e literárias que mostravam a relação dos projetos de Santos Dumont com sua origem brasileira poderia apoiar o esforço na construção dessas identidades.

Assumindo, como fez Anderson (2008), que a formação dessa ideia de nação ou de uma comunidade imaginada está muito além das fronteiras geográficas e dos determinismos políticos e econômicos, estou instigado a continuar investigando o acesso dos sujeitos às produções que relacionam Santos Dumont ao Brasil. O Catálogo Racional que identificou mais de 7.000 itens poderá ajudar a compreender de que maneira os objetos e as narrativas sobre eles e sobre o aviador intentaram forjar consciências individuais e coletivas dos brasileiros com essa nação imaginada chamada Brasil. E continua a fazê-lo, já que a relação com as coisas que guardam a memória de Santos Dumont estabelece continuamente conexões temporais fundamentais para a continuidade da vida dos sujeitos, dos objetos, dos acervos e dos museus.

REFERÊNCIAS

ANDERSON, B. R. **Comunidades imaginadas:** reflexões sobre a origem e a difusão do nacionalismo. Tradução Denise Bottman. São Paulo: Companhia das Letras, 2008.

BRASIL. Ministério das Relações Exteriores. **Documentos e depoimentos sobre os trabalhos aeronáuticos de Santos Dumont.** Rio de Janeiro: Imprensa Nacional, 1941.

CARDOSO DE OLIVEIRA, R. **Tempo e tradição**: Interpretando a antropologia. Conferência proferida na XIV Reunião Brasileira de Antropologia (Brasília, abril de 1984).

CARVALHO, H. de. **Navegação aérea**: a conquista dos ares, de Bartholomeu de Gusmão a Santos Dumont. São Paulo: Typographia do Diário Official, 1901.

CAVALHEIRO, E. **Monteiro Lobato:** vida e obra. São Paulo: Companhia Distribuidora de Livros, 1955.

FOLHA DE SÃO PAULO. **Saiba quem foi o aviador**. São Paulo, 28 out. 1998. Disponível em: https://www1.folha.uol.com.br/fsp/mundo/ft28109807.htm. Acesso em: 3 set. 2023

FRONER, Y. A. A memória dos objetos: destruição e proteção de acervos em museus. *In*: OLIVEIRA, M. A. A. *et al*. **Ensaios sobre a memória**. Portugal: Instituto Politécnico de Leiria, 2020. v. 2.

GELL, A. A rede de Vogel: armadilhas como obras de arte e obras de arte como armadilhas. **Arte e Ensaios**, n. 8, p. 174-191, 2001.

GONÇALVES, J. R. S. **Antropologia dos objetos**: coleções, museus e patrimônios. Rio de Janeiro, 2007.

INGOLD, T. **Estar Vivo: ensaio sobre movimento, conhecimento e descrição**; tradução de Fábio Creder. Petrópolis, RJ: Vozes, 2015.

JORGE, F. **A luta, a glória e o martírio de Santos Dumont**. São Paulo: Nova Época Editora, 1973.

KOPYTOFF, I. A biografia cultural das coisas: a mercantilização como processo. *In*: APPADURAI, A. **A vida social das coisas**: as mercadorias sob uma perspectiva cultural. Niterói: EdUFF, 2008.

LAMBRECHT, Helen Kaufmann; VIANA DE SOUZA, Daniel Maurício. **Alma e biografia dos objetos como formas de avivamento de coleções em museus**. Editora pucrs. Anais ephis, 2018.

LINS DE BARROS, H. **Santos-Dumont e a invenção do Voo**. Rio de Janeiro: Zahar Editora, 2003.

LOUREIRO, M. L. N. M. Objetos em museus: acompanhando trajetórias, mapeando conceitos. **Museologia e Patrimônio**: revista eletrônica / Programa de Pós- Graduação em Museologia e Patrimônio – PPG-PMUS. – Vol. 11, n.2 (2018). – Rio de Janeiro: editores científicos Marcus Granato e Diana Farjalla Correia Lima, 2018.

MALINOWSKI, B. **Argonautas do pacífico ocidental**: Um relato do empreendimento e da aventura dos nativos nos arquipélagos da Nova Guiné melanésia. São Paulo: Abril Cultural, 1976.

MAUSS, M. Ensaio sobre a dádiva: forma e razão da troca nas sociedades arcaicas. *In*: MAUSS, M. **Sociologia e Antropologia**. São Paulo: Cosac Naify, 2013. Original Publicado em 1925.

MENSCH, P. V. **O objeto de estudo da museologia**. Rio de Janeiro: UNI-RLO/ UGF, 1994.

NAPOLEÃO, A. **Santos Dumont e a conquista do ar**. Brasília, DF: Imprensa Nacional, 1941.

NEGRÃO, D R. B. N. **O coração de Alberto Santos Dumont:** um caso incomum de preservação pelo Museu Aeroespacial. 2020. Produto Técnico (Mestrado profissional em Preservação de Acervos de Ciência e Tecnologia) – Museu de Astronomia e Ciências Afins, Rio de Janeiro, 2020.

NERY, Olivia et al. **Segunda Casa, Segunda Vida: A biografia dos objetos de museus**. Revista. Eletrônica Ventilando Acervos, Florianópolis, v. 8, n. 2, p. 111-135, nov. 2020.

PINTO DA SILVA, Bárbara Cristina Barbosa. A invenção do arquivo pessoal de Santos Dumont. Rio de Janeiro, 2018. Dissertação de mestrado apresentada ao Programa de Pós-Graduação em Gestão de Documentos e Arquivos. Universidade Federal do Estado do Rio de Janeiro (UNIRIO). Disponível em: https://www.unirio.br/ppgarq/tccs/turma-2016/pinto-da-silva-barbara-cristina-barbosa-a-invencao-do-arquivo-pessoal-de-santos-dumont/view. Acesso em 04 ago. 2023

PUGA, F. Refletindo diferenças: virada ontológica e questões etnográficas. **Cadernos de Campo**, São Paulo, v. 30, n. 2, p.1-24, 2021. Disponível em:https://www.revistas.usp.br/cadernosdecampo/article/view/181847/178074. Acesso em: 2 jan. 2024.

RIBEIRO, D. **O Povo Brasileiro:** A formação e o sentido do Brasil. 2. ed. São Paulo: Companhia das Letras, 1996. p. 19.

RIVERA CUSICANQUI, Silvia. **Un mundo ch'ixi es posible**. Buenos Aires: Tinta Limón , 2018.

SANTOS DUMONT, A. **Alberto Santos-Dumont:** O pai da aviação. Rio de Janeiro: Adler Editora, 2006.

SANTOS DUMONT, A. **História e Iconografia**. 2. ed. Rio de Janeiro: Incaer & Villa Rica, 1990.

SANTOS DUMONT, A. **Os meus balões ("dans l' air")**. 2. ed. Brasília: Senado Federal, Conselho Editorial, 2016.

SANTOS, L. B.; LOUREIRO, M. L. N. M. Musealização como estratégia de preservação: estudo de caso sobre um previsor de marés. **Museologia e Patrimônio**, v. 5, n. 1, 2012. p. 49-67. Disponível em: http://revistamuseologiaepatrimonio.mast.br/index.php/ppgpmus/article/view/211/187.

SILVEIRA, F. L. A.; LIMA FILHO, M. F.; Por uma antropologia do objeto documental: entre a alma nas coisas e a coisificação do objeto. **Horizontes Antropológicos**, Porto Alegre, ano 11, n. 23, p. 37-50, jan/jun 2005

TORRES, Ana Luísa. Instalação celebra o fruto da amizade entre Santos-Dumont e Cartier. Disponível em: https://www.terra.com.br/diversao/instalacao--celebra-fruto-da-amizade-entre-santos-dumont-e-cartier,249ebf287c2a-9c5846fbc951b4708f48htzdeu7j.html. Acesso em: 9 out. 2023

WAGNER, R. **A invenção da cultura**. Tradução: Marcela Coelho de Souza e Alexandre Morales. São Paulo: Cosac Naif, 2010.

WEINER, A. **The Trobianders of Papua New Guinea**. New York : Holt, Rinehart and Winston, 1988.

OUTRAS OBRAS CONSULTADAS

ALMANAQUE BRASILEIRO. Santos Dumont e o aeroplano 14bis. Almanaque Brasileiro Garnier para o Ano de 1908, Rio de Janeiro, ano 6, p. 291-3, 1908.

ALMEIDA, M. F. Uma glória mundial: Alberto Santos Dumont. Separata de: **Revista Polytechnica**, São Paulo, n. 93, 1929.

ARRUDÃO, M. **Pequena história da aviação**. São Paulo: Livraria Martins Editora, 1948.

BARROS, D. **Aeronáutica brasileira**. Rio de Janeiro: Biblioteca Militar/Companhia Editora Americana, 1940. v. 30.

BARROS, H. L. de. **Desafio de voar:** brasileiros e a conquista do ar. São Paulo: Metalivros, 2006.

BARROS, H. L. de. **Santos-Dumont e a invenção do vôo**. Rio de Janeiro: Jorge Zahar Editor, 2003.

BARROS, H. L. de. **Santos-Dumont**: o homem voa. Rio de Janeiro: Editora Contraponto, 2000.

BASTOS, A. de M. Introdução. *In*: SANTOS-DUMONT, A. **Os meus balões**. Rio de Janeiro: Biblioteca de Divulgação Aeronáutica/Alba Oficinas Gráficas, 1938. p. 5-37.

BASTOS, A. de M. **O pai da aviação**. Rio de Janeiro: Bibliotheca de Divulgação Aeronáutica/Touring Club do Brasil, 1936.

BRAGA, N. **Santos Dumont, genial brasileiro**: sua personalidade e seus feitos. Rio de Janeiro: Oficinas Gráficas de A Noite, 1946.

BRASIL. Ministério das Relações Exteriores. **Documentos e depoimentos sobre os trabalhos aeronáuticos de Santos Dumont.** Rio de Janeiro: Imprensa Nacional, 1941.

BRIGOLE, A. **Santos-Dumont:** o pioneiro do ar. Rio de Janeiro: Aeroclube do Brasil, 1941.

BRIGOLE, A. **Santos-Dumont:** The air pioneer. Rio de Janeiro: Aéreo Clube do Brasil/ Imprensa Nacional, 1943.

BRITAL, O. F. **Alberto Santos Dumont**. Buenos Aires: Instituto Argentino-Brasileño de Cultura, 1955.

CADAVAL, R. **Tratado de aeronáutica**: Navegação aérea. Anvers: Typographia Cl. Thibaut, 1911.

CHAGAS, M. S.; SANTOS, M. S. dos (org.). **Museus, coleções e patrimônios**: narrativas polifônicas. Rio de Janeiro: Garamond, MinC/ IPHAN/DEMU, 2007.

CHEUICHE, A. **Nos céus de Paris**. Porto Alegre: LPM, 1998.

COSTA, F. de H. **Santos-Dumont**: História e iconografia. Natal: Ministério da Aeronáutica, 1982.

FONSECA, G. da. **Santos Dumont**. Rio de Janeiro: Casa Editora Vecchi, 1940a.

FONTES, O.; FONTES, N. **Vida de Santos Dumont**. Rio de Janeiro: Editora A Noite, 1956.

FONTES, O.; FONTES, N. **Vida de Santos Dumont**. Rio de Janeiro: Officinas Gráphicas A Noite, 1935.

SANTOS DUMONT. 2 ed. Rio de Janeiro: Casa Editora Vecchi, 1940.

SANTOS DUMONT. 3 ed. Rio de Janeiro: Livraria São José, 1956.

SANTOS DUMONT. 4 ed. Rio de Janeiro: Edições de Ouro, 1967.

URBAN, P.; PIMENTAL, H. **Santos Dumont**: Bandeirante dos ares e das eras. São Paulo: Madras, 2000.

WOODWARD, I. **Understanding Material Culture**. London: Sage Publications Ltd., 2007.

FOTO BIOGRAFIA

APRESENTAÇÃO

É provável que se convidarmos os brasileiros para um exercício de imaginação sobre quem foi Santos Dumont, a imagem que imediatamente se configura nas mentes será a mesma em boa parte: um homem com seu chapéu Panamá de aba despencada, ternos risca de giz bem alinhados, as camisas com colarinho alto, extremamente engomadas e um olhar talvez tímido, mas sempre curioso, atento ao seu tempo e aos que viriam. Quando não usava chapéu, o cabelo elegantemente penteado, riscado ao meio ou ao lado.

Essa é a memória que o mundo inteiro guarda do gênio Alberto, e como está lançado em vários momentos desta pesquisa, é a construção dessa imagem que provoca fascínio e forja identidade com o aviador. Tomo como inspiração o significado da palavra memória apresentado pelo dicionário Michaelis. O primeiro é aquele que fala sobre a faculdade de conservar e lembrar de ideias, imagens, impressões e experiências adquiridas no passado. O segundo é o que toma a memória como a capacidade de recordar as realizações de uma pessoa quando ela está ausente ou após a sua morte.

A fotobiografia apresentada a seguir é um convite à memória de Santos Dumont. Ele próprio zelou pelas lembranças, pelas relações e por suas ideias. Ousou guardar as experiências do Brasil, seu amado país, enquanto andou por outros cantos do mundo. Ao seu lado, em boa parte da vida, esteve acompanhado de um fotógrafo particular para registrar seus projetos, os voos, mas também sua elegância e vaidade. Um ser que tinha capacidade de olhar adiante, que ampliava a visão no solo e nos ares, certamente compreendeu a importância de legar não apenas objetos, mas sentido à experiência humana. Não uma memória por vaidade egoísta, mas aquela que desejava inspirar projetos futuros, voos ainda mais ousados para a humanidade.

As imagens que compõem esta parte do trabalho foram legadas por Santos Dumont, no acervo que pesquisamos. Não são objetos imóveis, parados no tempo e no espaço. Como a própria vida de Alberto, elas podem abrir frestas para que mais pessoas celebrem a memória deste homem, recordando seus projetos e sua genialidade, mas principalmente sua capacidade de imaginar e construir mundos com liberdade.

Pedro Mastrobuono

16514 a M. Santos-Dumont
(Aéronaute) P097794

LC-USZ62-16341

SANTOS-DUMONT, SANTOS ALBERTO

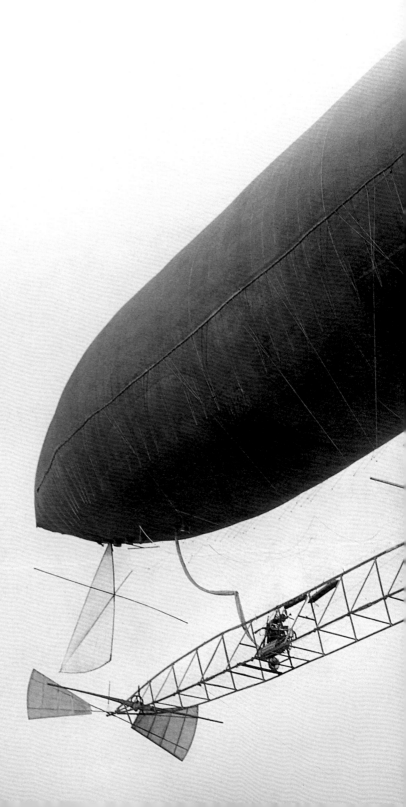

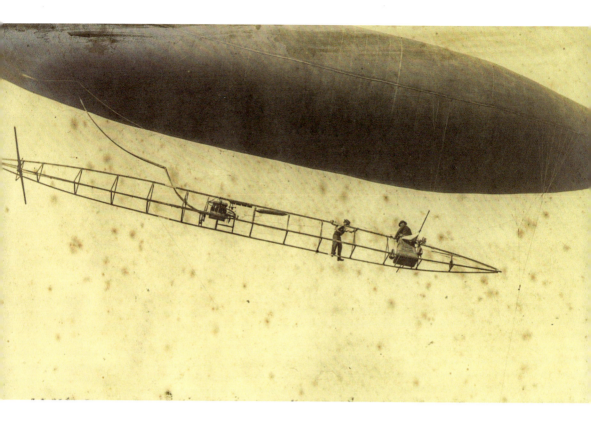

14bis

38

H-1737

IC 13897 c.sd.

H-1735

IG13895 csd

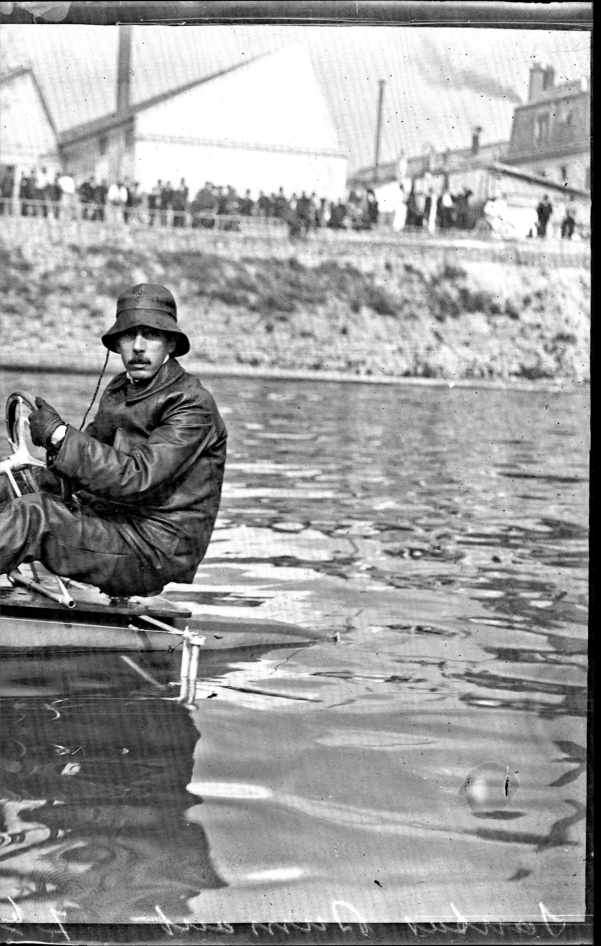

ÓPERA

SANTOS DUMONT

Quando o sonho voa

ALEXANDRE GUERRA

PERSONAGENS

Santos Dumont / Criança	TENORINO
Santos Dumont / Adulto	TENOR
Henrique Dumont / Pai	BARÍTONO
João / Maquinista	BAIXO
Machuron / Balonista	BAIXO
Aida de Acosta / Amiga	SOPRANO
Henri Deutsch / Magnata	BARÍTONO

Obs.: Henrique Dumont e Henri Deutsch podem ser interpretados pelo mesmo barítono, assim como, João e Machuron pelo mesmo baixo.

CORO MISTO	16 vozes (mínimo sugerido)
	4 SOPRANOS
	4 ALTOS
	4 TENORES
	BARÍTONOS

PERSONAGENS - CORO

Juízes	2 TENORES
Assistentes Dumont	2 BARÍTONOS
Francisca	SOPRANO
Público Paris	CORO
Trabalhadores da fazenda	CORO
Quadrilha	CORO

ORQUESTRA

2(I.II/pic.) 2(I.II/eh) 2(I.II/bcl) 2 – 4231 – tmp + 2perc. (bd, snare, cym, tam-tam, wood block, tamb, cast., guiro, vibraslap, bell tree, tri, glock, marim, xylo) - celeste - harp - str

CENA 1:

ABERTURA

(Abre pano)

É festa de São João na fazenda Arindeúva, da família Santos Dumont em Ribeirão Preto. O cenário de bandeirinhas e decoração junina reproduz uma festa típica, uma fogueira no centro do palco, e no lado direito, a lateral da casa de fazenda, aonde se localiza o quarto de Santos Dumont.

Inicia a ABERTURA instrumental, pouco depois, vemos entrar em cena o menino DUMONT , então com 7 anos de idade. Ele caminha em direção à fogueira e brinca solitário, lançando pequenos balões no fogo, que através do calor faz subir ao céu.

O clima é de sonho, fantasia e leve mistério.

Obs.: a música conta com coral de mulheres em uníssono fazendo vocalize – OFF STAGE

A cena é então invadida por uma quadrilha de festa junina animada que toma conta do palco. Casais alinhados em fila (CORO) entram dançando acompanhados por música festiva, e passam a fazer evoluções de dança típica, ao redor da fogueira. Após um número de dança curto, a quadrilha sai de cena aos poucos enquanto a orquestra esvazia a instrumentação pra dar a impressão que o grupo se afasta junto com a música.

O foco volta ao pequeno Dumont, ainda solitário e distraído com seus balões, a música retoma o clima fantasioso do início da cena.

Entra no palco a mãe de DUMONT, FRANCISCA que se dirige ao filho e diz:

FRANCISCA   Vamos, meu filho. Já é tarde.

DUMONT e FRANCISCA deixam o palco. DUMONT se recoloca na porta do quarto (acesso pela coxia), aonde se inicia a próxima cena.

Obs.:

1. O personagem que vai representar DUMONT com 7 anos pode ser um menino mais velho, com 11, 12 anos, tem que estar apto a cantar a aria da cena 2.

2. FRANCISCA é representada por uma pessoa do coro.

CENA 2:

VIAGEM AO FANTASTICO

O menino DUMONT entra no quatro, acende a luz que revela seu interior, neste momento se inicia a introdução da ária que ele cantará a seguir.

Segue até uma estante e pega um livro de Júlio Verne, senta-se na cama e inicia o canto:

DUMONT (MENINO)

Balões na fogueira
faço voar
E naves de palha
Posso lançar

Lá no céu eu vou mirar
Aonde o dedo apontar

Eu já consigo imaginar
Aonde essas assas vão me levar

Quero ver ali do alto
Os vales, montes em um salto

Lá no céu eu quero estar
Num voo livre a flutuar

Lá no céu eu quero estar
Num voo livre a flutuar

Ao final da ária, o menino deita-se na cama e adormece.

Enquanto dorme, seus sonhos passam a ser representados em projeções contendo animações hipoteticamente desenhadas por ele, que se misturam a naves, submarinos e balões de ilustrações dos livros de Júlio Verne. Os desenhos flutuam e dançam no cenário enquanto são acompanhadas pela orquestra num trecho instrumental movido, como num balé.

No final da sequência, enquanto a orquestra ainda toca, o palco vai escurecendo lentamente, até que a música termina, e a cena finalmente atinge a escuridão completa.

CENA 3:

MUNDO FASCINANTE

ANOS DEPOIS – é mostrado ao público por projeção ou legenda.

(Esta sequência tem como objetivo mostrar o interesse do menino por máquinas, locomoção e velocidade, além da passagem de tempo, no período da sua infância. A partir desta cena já entra o cantor que vai desempenhar o papel de DUMONT até o final. Aqui ele vai representá-lo ainda jovem, com 12 anos.)

O galo canta em meio aos primeiros raios de sol da manhã que vai surgindo lentamente, se inicia o trecho instrumental que emula a lenta partida de uma locomotiva maria- fumaça, que aos poucos acelera até atingir um andamento constante. Vemos então, DUMONT (jovem) no comando da locomotiva Baldwin que está posicionada na lateral esquerda do palco. Ao lado dele na locomotiva, um funcionário da fazenda, o maquinista JOÃO (baixo) que fará o DUETO com ele.

Ao redor da linha do trem, a frente da locomotiva, trabalhadores da fazenda (CORO - usando o mesmo figurino da festa junina) fazem intervenções falando e cantando, dando humor e dinâmica à cena.

CORO (falado)   Burburinho:
Ele está pilotando,
O menino está no comando
Vejam
Ele vai depressa

Ei cuidado

CORO (canto) Olha, olha, mais cuidado aqui
Mais cuidado
Mais cuidado
Mais cuidado

JOÃO Calma
DUMONT Mais fogo
JOÃO Espere
DUMONT Ainda é pouco

JOÃO Calma
DUMONT Mais fogo
Agora
Só mais um pouco

JOÃO Olhe
DUMONT Aonde?
JOÃO No trilho
DUMONT Eu vejo
JOÃO Cuidado
Em frente
DUMONT e JOÃO Não há como parar!!
JOÃO Você tem apenas 12 anos
Nada há de te parar

Água e fogo Pressão na caldeira
Quem é que vai te segurar?

JOÃO Calma

DUMONT	Mais fogo
JOÃO	Espere
DUMONT	Ainda é pouco
JOÃO	Calma
DUMONT	Mais fogo
	Agora
	Só mais um pouco
JOÃO	Olhe
DUMONT	Aonde?
JOÃO	No trilho
DUMONT	Eu vejo
JOÃO	Cuidado
	Em frente
DUMONT e JOÃO	Não há como parar!!
JOÃO	Velocidade te fascina
	vento e o mundo a combustão
	Num cavalo de ferro
	Um menino montado
	Olha que grande confusão

TRECHO INSTRUMENTAL

JOÃO	Calma
DUMONT	Mais fogo
JOÃO	Espere
DUMONT	Ainda é pouco

JOÃO	Calma
DUMONT	Mais fogo
	Agora
	Só mais um pouco

JOÃO	Olhe
DUMONT	Aonde?
JOÃO	No trilho
DUMONT	Eu vejo
JOÃO	Cuidado
	Em frente
DUMONT e JOÃO	Não há como parar!!

JOÃO Velocidade te fascina
Vento e o mundo a combustão

Num cavalo de ferro
Um menino montado
Olha que grande confusão

O trem vai desacelerando até uma parada completa, quando a orquestra faz um efeito que sugere o freio final do trem. Neste momento, seu pai HENRIQUE DUMONT (barítono) ao lado de FRANCISCA, sua mãe, estão parados diante da locomotiva. HENRIQUE de braços cruzados, exibe uma fisionomia que o revela contrariado. Bravo, sinaliza veementemente para o filho descer do trem. Em seguida, inicia o RECITATIVO:

HENRIQUE Aonde já se viu?
Um rapaz de apenas de 12 anos
numa locomotiva em alta velocidade!!

DUMONT (falado)   Me desculpe papai

O pai, vendo o constrangimento do filho se sensibiliza e modera.

HENRIQUE   Filho, eu sei da tua curiosidade
                           e do teu amor pelos inventos.
                           Eu tenho o mesmo encantamento.
                           E também sei que eles podem mudar
                           tudo a nossa volta.

                           Você como eu, é um sonhador
                           dentro dos livros se imaginou
                           Nos livros tudo é possível, viagens ao sideral
                           Mas vida é para além das palavras
                           Temos que o mundo enfrentar

Ao final do recitativo, inicia a introdução da ária que HENRIQUE canta
a seguir.

HENRIQUE   Lá Fora
                           O mundo é tão fascinante
                           Tão grande
                           Tão raro
                           Espaço
                           pra um jovem
                           voar
                           voar

                           Agora
                           O tempo é que passa voando
                           as horas

os dias
e os anos
se fazem
passar
passar

Sonhar é o primeiro passo
pra quem o espaço quer alcançar
Quem sonha que pode um dia
logo esse dia pode chegar

Sonhar é o primeiro passo
pra um mundo novo inaugurar
Voa que a terra é grande
há muita coisa por desvendar
Segue que a vida ensina
que só tem chance o que tentar

Vai

Todos saem de cena para a transformação do cenário no palco para a configuração Paris.

CENA 4:

VOU GANHAR O MUNDO

Inicia a música.

DUMONT (20 anos) entra em cena com uma mala na mão. Caminha observando tudo a sua volta, imagens antigas de Paris, Londres, Nova Iorque, Chicago e Boston são projetadas, enquanto o palco é transformado para a configuração Paris.

DUMONT inicia a ÁRIA

DUMONT

Levo na cabeça uma ideia
pra poder voar
Mas de que vale ela
se eu não posso implementar

Vou rodar o mundo eu preciso aprender
Meu pai foi quem me disse
pra mecânica escolher

Vou pra Boston, Nova Iorque e Chicago
E se preciso for
também salto pro outro lado

Motor a combustão
eu preciso estudar
É ele que então
vai me permitir voar

De um professor Garcia
lá na França ouvi falar
Vou pra casa dos meus primos
que me vão apresentar

Vou pra França, Inglaterra e Itália
Rodo o mundo todo
Até meu sonho ganhar asas

REPETE

Ao final da ária, vemos DUMONT se dirigir ao que seria seu escritório em Paris, mobiliado com uma prancheta de projetista, e decorado por desenhos de projetos nas paredes, estantes com muitos livros e vários instrumentos de precisão (no mesmo local aonde era seu quarto da infância, agora redecorado). Temos a sensação de que o universo dos estudos é parte importante de sua vida.

Anoitece. Ainda escuro um balão é descido ao centro do palco e o personagem MACHURON (baixo), se posiciona ao seu lado.

CENA 5:

PRIMEIRO VOO DE BALÃO

Inicia a música que traz um ritmo de jazz "suingado", com parte da orquestra acompanhando a música com o estalar de dedos (nos tempos 2 e 4). O personagem MACHURON (baixo) inspeciona distraidamente seu balão neste momento, enquanto entra em cena DUMONT, com ares de quem procura alguém. Quando finalmente localiza o personagem de MACHURON, se dirige a ele decidido e inicia o canto:

DUMONT
Você deve ser
o senhor Machuron

MACHURON
Sou eu

DUMONT
Que entende de balões
e de voos também

MACHURON
Pois é

DUMONT
Eu quero aprender,
 pilotar com você
E subir lá no céu,
belvedere de Paris

MACHURON
São quatrocentos
 pra poder subir
Mais uma grana
 pra um balão construir

DUMONT	Negócio fechado
MACHURON	Legal
DUMONT	Vam' embora
MACHURON	Agora

A música muda completamente, um trecho instrumental lento se inicia acompanhando a subida do balão. A trilha busca evocar o encantamento de DUMONT em seu primeiro voo de balão.

O balão vai subindo lentamente com DUMONT e MACHURON a bordo. DUMONT olha ao redor fascinado e inicia o canto:

DUMONT	Tudo aqui é paz
	Do alto muito mais
	Olha a neve como num mar
	O branco é total
	Longe o horizonte
	Me acena devagar
	Tudo é encanto
	celestial
	um mundo ideal

Volta o trecho instrumental

O balão vai descendo lentamente durante o trecho instrumental e quando chega ao solo, a música em ritmo de jazz "suingado", do começo da cena, é retomada.

Depois da introdução, DUMONT e MACHURON, já fora do balão, reiniciam o DUETO.

DUMONT	Eu decidi
	quero ter meu balão
MACHURON	*Parfait*
DUMONT	Pequeno e bem leve pra locomoção
MACHURON	*D'accord*
DUMONT	Por meu pouco peso
	deduzo então
	Que um de seis metros
	é a solução
MACHURON	Tenho um tecido que vai adorar
	É seda tão leve fácil de flutuar
DUMONT	Negócio fechado
MACHURON	*Parfait*
DUMONT	Nos vemos
MACHURON	*c'est bon*

DUMONT sai de cena, escurece como se estivesse anoitecido.

CENA 6:

AIDA DE ACOSTA

Logo em seguida começa a amanhecer com imagens projetadas de um balão no horizonte voando e atravessando horizontalmente o fundo do palco, acompanhada por som de vento. A imagem deve sugerir DUMONT voando pela cidade com seu balão.

Inicia a música que trazendo um tom bem-humorado, em seguida, a personagem AIDA DA COSTA (soprano) entra em cena com um figurino elegante (belle époque), e caminha ao centro do palco para iniciar o canto:

AIDA DE ACOSTA

Vocês não me conhecem
deixe me apresentar
Sou Aida de Acosta
amiga de Santos Dumont

Quero contar uma coisa a vocês
de uma nova invenção
que ele vai construir

Ele teve uma ideia genial
de colocar um motor
junto com seu balão

E voar por aí
livre, leve e solto

E controlar
pra aonde quer ir
sem que o vento
vá lhe impedir

Todo mundo está dizendo
que ele ficou louco, louco

Aonde já se viu
por um motor em pleno voo, voo

Ele pode explodir
e do alto ca-ir

E morrer!!

Ao final, comovida, coloca um lencinho nos olhos e sai correndo, saindo pela lateral do palco.

CENA 7:

DIRIGÍVEL E ACIDENTE

O dia amanhece e vemos DUMONT no seu escritório dormindo sobre a prancheta.

Inicia a música, cuja introdução sugere o som de um relógio despertador. O trinado do triangulo faz DUMONT acordar. Ele olha as horas no relógio de pulso e se assusta percebendo que está atrasado. Reúne, rapidamente, seus desenhos em uma pasta e sai apressado se dirigindo à lateral do palco, quando sai de cena.

Pouco depois, vemos lampejos de luz vindos da lateral esquerda do palco, simulando o efeito da luz de solda, seguidos por ruídos de martelo batendo em metal e movimentos de sombras de pessoas sugerindo o trabalho em algum tipo de construção.

A seguir, vemos surgir pela mesma lateral do palco um pequeno dirigível. Personagens do CORO, vestidos com trajes típicos da época, vão entrando em cena admirados pelo invento. Parte dos personagens são os mecânicos ASSISTENTES de DUMONT.

DUMONT sobe no dirigível que começa a se deslocar. Segue evoluindo lentamente na trajetória de um voo da esquerda para a direita do palco, e conforme se aproxima do final da música, entra pela lateral oposta do palco (do lado direito). A música fica dramática e ouvimos ruídos de uma grande colisão, simulando um acidente de DUMONT com seu dirigível (que acontece fora de cena na coxia).

Depois do acidente, DUMONT volta vacilante ao palco com suas roupas rasgadas, o chapéu danificado, e com o rosto todo sujo. Ele está visivelmente desconsolado, e inicia a ÁRIA:

DUMONT

Meu sonho está desfeito
não posso mais voar

Meu dirigível tão imperfeito
pode até me matar

Agora já nem sei
se devo continuar

Vou indeciso
sem direção
no céu a naufragar

Ao final da Ária, DUMONT sai de cena.

CENA 8:

ANÚNCIO PRÊMIO DEUTSCH

Inicia a música. Um novo personagem adentra o palco, o magnata do petróleo HENRI DEUTSCH (barítono), que é seguido pelo PÚBLICO (CORO), que entra no palco a seguir, curiosos com seu discurso.
HENRI DEUTSCH inicia o canto:

HENRI DEUTSCH

Eu me chamo Henri Deutsch
venho aqui anunciar
um prêmio em meu nome
para quem completar

Vou dar 100 mil francos
a quem sobrevoar
de Saint Cloud até a Torre
em meia-hora voltar

Deve contornar a torre
e de volta aqui se apresentar
em até 30 minutos
e o prêmio vai levar

Atenção aeronautas
100 mil pra valer
para o corajoso
que o desafio bater

Vou dar 100 mil francos
a quem sobrevoar
de Saint Cloud até a Torre
em meia-hora voltar

CORO

Ele vai dar 100 mil francos
Para quem sobrevoar
Daqui até a torre
em meia hora voltar
Daqui até a torre
em meia hora voltar

DUMONT atraído pelo discurso de HENRI DEUTSCH, volta ao palco pela lateral direita e inicia um canto confiante:

DUMONT

Sei que posso fazer
com motor mais veloz
Um novo dirigível
E esse prêmio será meu!!

Bem meu!!

Todos saem de cena. Anoitece.

CENA 9:

A PRIMEIRA MULHER NO CÉU

Inicia a música e vemos DUMONT em seu escritório na prancheta desenhando animado, o que será seu novo dirigível. Enquanto o faz, seus desenhos são projetados em cena (da mesma forma que na CENA 2).

Repete-se a sequência em que sai de casa em direção à lateral do palco para a construção do dirigível (com efeitos de luz e som – igual à construção anterior).

A música segue num trecho instrumental movido e épico, que acompanha a entrada do novo dirigível em cena, carregado até o centro do palco pelos ASSISTENTES, sob o olhar atento de DUMONT. Atraídos pelo novo invento, o PÚBLICO (CORO) entra logo em seguida.

Após o inicio épico, a música entra em um trecho menos dinâmico, que é a deixa para a entrada de AIDA DE ACOSTA no palco. Ela se movimenta procurando alguém. DUMONT se encontra ao lado de seu dirigível, concentrado, observando detalhes de seu invento e não nota a entrada de AIDA. Finalmente ela o localiza e se dirige a ele sem se anunciar, esperando que ele a note. Ele segue concentrado, e não a vê. O clima é de brincadeira, ela se aproxima mais para ser notada, e entra no campo de visão dele, que finalmente a reconhece. Neste momento inicia o recitativo em tom amigável:

AIDA DE ACOSTA   Como vai você, Petit Santos?

DUMONT   Aida, a que devo a honra?

AIDA DE ACOSTA   Você sabe do meu amor
     pela tua arte.

	E do meu desejo
	de aprender a voar
DUMONT	Por que não?
	Vamos, lá!
	Mas vai ter
	que aprender umas coisas.
	Antes de poder pilotar
AIDA DE ACOSTA	Claro, vamos lá.
DUMONT	Voar pode ser perigoso
	pra quem não sabe lidar
	Mão no volante
	controla o leme
	Olhos adiante a direção
	Esse é pra velocidade
	do motor a combustão
(falado)	Vamos tentar?
AIDA DE ACOSTA	Sim
DUMONT	Então, suba aqui

Segue trecho falado sem canto sobre a base instrumental

DUMONT	Isso! Cuidado
	Menos motor
	Leme a direita
	Isso!
	Mantenha a direção!
	Não suba mais...

Assim está bom!
 Vai, segue!
Voa minha amiga Aida
A primeira mulher no céu!!

Quando finalmente AIDA se estabiliza no voo, inicia sua ÁRIA.

AIDA DE ACOSTA

Eu sabia
que iria pilotar a, a, a ,a, a
Olha o meu lugar a, a, a ,a, a

No alto a navegar
No ar

Olha eu aqui
Livre a voar
Eu vou por inteira
e sou a primeira

No alto a navegar
No ar

Vou me afastando
enquanto o mundo faz girar

Daqui de cima a terra
é tão bonita de se olhar
De olhar

Vou me apressar
Tenho que voltar, u!

Vou me apressar
Tenho que voltar

O dirigível pousa e DUMONT cumprimenta AIDA DA COSTA pelo feito.

(falado)

DUMONT

Parabéns, minha querida amiga
eu sabia que você podia
Estou muito orgulhoso de você
 a primeira mulher aeronauta

AIDA DE ACOSTA

Merci, Santos, *mon cher ami*!
Eu sei que você não deixa
ninguém pilotar sozinho seu amado dirigível
Au revoir

Depois de agradecer e se despedir, AIDA DE ACOSTA deixe o palco.

CENA 10:

OS JUÍZES

Logo após AIDA DE ACOSTA deixar o palco, vemos OS JUÍZES (2 tenores) entrarem no palco munidos de cronômetros, binóculos e pranchetas. Inicia a música em tom cômico, OS JUÍZES circulam inspecionando tudo: o local, o dirigível, DUMONT e ao PUBLICO (CORO) que está em cena. Checam tudo de maneira sincronizada, minuciosa, fazendo medições e, finalmente realizando uma marcação no chão, que será o ponto de partida para a prova do Prêmio Deutsch.

Após suas averiguações e a marcação, que são acompanhadas por trilha instrumental caricata, OS JUÍZES se dirigem ao centro do palco e cantam:

OS JUÍZES

Nós somos os juízes
E vamos bem julgar

O tal do Prêmio Deustch
 E ninguém...
vai nos tapear

Deve o competidor
deste campo aqui voar
 Dar a volta lá na torre
e de volta aqui estar

Em menos

	Em menos
	Em menos
UM DOS JUÍZES	Nem um minuto a mais
TODOS	De trinta minutos

REPETE

CENA 11:

POR POUCO

A música se inicia, os ASSISTENTES ajudam DUMONT a posicionar o dirigível na lateral esquerda do palco, atrás da linha marcada pelos JUÍZES. DUMONT entra no aparelho e parte para o desafio do Prêmio Deutsch. Vemos o dirigível se mover lentamente em direção à lateral direita do palco.

Conforme o dirigível se desloca sob o olhar atento de todos, inicia--se o canto:

CORO

Um desafio
Se encontra a frente
Contra o vento
Não se pode

Vencer o relógio
Ventos do norte
Em pouco tempo
Vai só quem pode

HOMENS

Vai só quem pode

Neste momento o dirigível avança para dentro da coxia direita, e não o vemos mais. Todos olham em sua direção apreensivos. Na coxia o dirigível é reposicionado pra que ele percorra no sentido contrário o trecho de onde veio, simulando o que seria o retorno da Torre Eiffel. O público apreensivo, retoma o canto:

HOMENS	Veja agora
MULHERES	Vai muito longe
HOMENS	Cinco minutos
MULHERES	É pouco tempo
HOMENS	Olha a distância
MULHERES	Ele avança
TODOS	Ele vem vindo
TODOS	Vai conseguir
	vai conseguir,
	vai conseguir

O dirigível ultrapassa a linha marcada pelos JUÍZES e o PÚBLICO explode em celebração. A música segue em trecho triunfante, acompanhando a efusiva comemoração, quando é inesperadamente interrompida pelos JUÍZES, que cantam em conjunto com o PÚBLICO, HENRI DEUTSCH e DUMONT:

JUIZES	Não, não, não
	E não, não!!
PÚBLICO e HENRI	Ele ganhou,
	Ele ganhou, sim!!
JUIZES	Não, não, não
	E não, não!!
PÚBLICO e HENRI	Ele ganhou,
	Ele ganhou, sim!
JUIZES	Não ganhou, não,
	Não ganhou, não

JUIZ 1	Perdeu por um minuto
HENRI DEUTSCH	Eu estava olhando,
	fez em 29
JUIZES	Não, não, não
	E não, não!!
JUIZ 2	Desembarcou em 31, 31
DUMONT	Isso é injusto, injusto, injusto
	Eu mereço o prêmio!!

JUIZES e HENRI DEUTSCH se dirigem ao fundo do palco, discutindo o ocorrido, gesticulam muito, ouvimos um burburinho distante que sugere a argumentação de ambos os lados. A música que no inicio espelhava a apreensão da situação, começa a adquirir um tom mais positivo. Notamos o clima ficar mais amistoso, os JUIZES acenam a cabeça em concordância, sorriem e se dirigem ao centro do palco, sob o olhar atento de DUMONT. Na sequencia cantam com os demais:

JUIZES	Nós decidimos Reconsiderar
PÚBLICO HOMENS	Afinal de contas
HOMENS e JUÍZES	Não conta o tempo pra desembarcar
PÚBLICO MULHERES	Não conta, não conta
JUIZES	Ele fez mesmo em 29!
MULHERES	Ele fez, sim!
	Ele fez, sim!
HOMENS e JUÍZES	O desafio ele superou,

HOMENS e MEZZOS	superou
TODOS (MENOS DUMONT)	E o prêmio Deutsch ele conquistou, conquistou

Depois do momento grandioso, em que o PÚBLICO celebra a conquista, a música tem uma repentina mudança de atmosfera, aonde os JUÍZES iniciam um novo trecho para apresentar um novo desafio, um prêmio do aeroclube francês para quem conseguir fazer voar uma aeronave mais pesada do que o ar:

JUIZES	Nós temos agora
	um novo desafio
MULHERES	ah, ah
JUIZES	Fazer voar
	o mais pesado do que o a- ar
MULHERES	ah, ah
DUMONT	Pois eu aceito
	o seu desafio
	Eu vou colocar
	minha cabeça para pensar
	Deve haver uma maneira
SOPRANOS e HENRI	Ele aceitou e vai construir
TENORES	Um invento voador
MEZZOS e BARIS	voador
SOPRANOS	voador
DUMONT	Mãos à obra! (falado)

DUMONT sai de cena enérgico pelo lado direito, enquanto seus ASSIS-TENTES saem com o dirigível pelo lado esquerdo, junto com o PÚBLICO, até que todos deixam o palco.

CENA 12:

———

14-BIS

Inicia a trilha incidental, vemos DUMONT entrar em seu escritório decidido, vai direto para prancheta desenhar. Os desenhos de seus esboços são projetados em cena. Detalhes da célula de Hargroove, os primeiros projetos do *14-Bis* acoplado a um dirigível, depois um segundo desenho, o dirigível trás um xis sobre ele, rascunhos de cálculo, pontos de interrogação, esboços. A ideia é mostrar o empenho, o esforço e o conhecimento de Santos Dumont pra desenvolver o projeto.

Na sequência, se repete a rotina de construção, em que DUMONT se dirige à lateral esquerda da coxia e vemos efeitos de luzes que sugerem ferro sendo soldado, ruídos de martelo, sugerindo algo em construção. O clima é de expectativa. Num dado momento, somos surpreendidos pelo aparecimento do *14-Bis*, que lentamente entra em cena, acompanhado por DUMONT e seus ASSISTENTES. A trilha neste momento é de encantamento.

Aos poucos, o PÚBLICO, JUÍZES e HENRI DEUTSCH entram no palco. DUMONT se dirige ao centro do palco e inicia o canto:

DUMONT

Este é o *14-Bis*
Minha nova invenção
Agora já tem asas
No lugar do balão

Eu envernizei a seda
Para dar sustentação

	E um motor de 8 cilindros
	Para ter mais impulsão,
TODOS	impulsão

DUMONT	Agora é só dar a partida

Inicia-se um trecho cômico em que o motor do *14-Bis* não pega.

ASSISTENTES	Vamos tentar
	Vamos tentar
	Vamos tentar de novo

	Mais uma vez
	Mais uma vez
	Mais uma vez

Mais uma tentativa frustrada e seguem tentando:

DUMONT	Deve estar
	sem combustível

PÚBLICO e ASSISTENTES	Mais uma vez
	Mais uma vez
	Mais uma vez

O clima muda, a música em crescendo sinaliza que finalmente o *14-Bis* pegou e segue para o voo.

O *14-Bis* decola e inicia o canto (TODOS, menos DUMONT)

TODOS (MENOS DUMONT)	Livre a voar
	Melhor que imaginar

O mundo inteiro
vai alcançar
O céu é teu lugar

Abre tuas asas
Renova teu olhar

Tudo é possível
Realizar
O sonho de voar

A vida é pra quem sonha que pode
Sonho é vida
Tudo podemos
Não se duvida

HOMENS	Tudo é loucura no começo
TODOS	Mas não podemos duvidar
HOMENS	Quem imagina
MULHERES	Quem imagina
HOMENS	E acredita
MULHERES	e acredita
HOMENS	Que pode um dia
MULHERES	Que pode um dia
TODOS	Um dia fará
	Fará

No trecho final o *14-Bis* pousa e todos celebram.

CENA 13:

AGRADECIMENTOS

Inicia trecho musical que recapitula a música da quadrilha na abertura, SOLISTAS e CORALISTAS agradecem.
Fecha pano.

FIM

AGRADECIMENTOS

Antes de adentrar quaisquer temas ou digressões, cumpre-me agradecer ao Bom D´us por me permitir viver este desafio acadêmico, que ora enfrento com alegria. *Baruch Hashem!*

Agradeço ao corpo docente desta querida Universidade Federal do Mato Grosso do Sul (UFMS). Meu muito obrigado ao Magnífico Reitor, professor doutor Marcelo Turine; ao Pró-Reitor de Extensão, Cultura e Esporte, professor doutor Marcelo Fernandes; à diretora do Campus de Coxim e proponente do meu título de Doutorado *Honoris Causa* em Proteção ao Patrimônio Cultural, professora doutora Silvana Zanchett; à diretora de popularização da ciência, professora doutora Lia Brambilla; e, ainda, um agradecimento muito, muito especial à professora doutora Maria Raquel da Cruz Duran, minha supervisora neste estágio de pós-doutorado, com quem tive oportunidades incríveis de refletir não apenas sobre objetos, museus e coleções, mas sobre a antropologia como lugar-oportunidade para construir relações ousadas e cuidadosas com os seres humanos e com outros seres e coisas com os quais a vida se torna possível.

Este trabalho só foi possível graças à disponibilidade de instituições nacionais e internacionais em apresentar seus acervos, aqueles que estão públicos em páginas digitais, mas também outros que só acessei por meio de ligações e contatos telefônicos. Por isso, agradeço imensamente aos responsáveis e às equipes do Museu do Ipiranga, do Instituto Moreira Sales, da Biblioteca Nacional, do Centro de Documentação da Aeronáutica, do Museu Aeroespecial da Força Aérea Brasileira, do Instituto Histórico Geográfico Brasileiro, do Instituto Itaú Cultural, da Fundação Santos Dumont, do Museu Imperial, do Museu Casa de Santos Dumont e do Museu Cabangu. Muito obrigado ao colecionador Pedro Corrêa Lago, que, além de disponibilizar seu acervo para nossa pesquisa, possibilitou nosso contato com outras publicações para a obtenção dos dados que não estavam disponíveis nas instituições.

Na França e nos Estados Unidos, sou grato ao trabalho dos profissionais das seguintes instituições: Bibliothèque Nationale de France, Musée de L'air et Space, Library of Congress, Missouri Historical Society, National Air Space Museum, Smithsonian Institute, New York Historical Society, National Air and Space Museum e Musée de l'Air et de l'Espace du Bourget.

À medida que avanço na minha trajetória acadêmica, gostaria de lembrar que o nosso sucesso como profissionais e os sonhos para uma sociedade mais justa, igualitária e soberana estão intrinsecamente ligados ao compromisso com a aprendizagem contínua, com a busca pela excelência e com a disposição para enfrentar os desafios com coragem e resiliência.

CRÉDITOS DAS IMAGENS

P. 1   Geraldo Fitz. "Santos Dumont". Acervo Biblioteca Nacional.

O LEGADO DE SANTOS DUMONT

Fig. 01   Caderno cartonado com cálculos feitos por Santos Dumont. S/D. Acervo Museu do Ipiranga. Col. Santos Dumont.

Fig. 02   Tubo de papelão rígido com uma extremidade fechada e outra aberta, sem tampa. Usada como arquivo e transporte de desenhos, plantas e projetos. S/D. Acervo Museu do Ipiranga. Col. Santos Dumont.

Fig. 03   Modelo do primeiro balão e do dirigível "Santos Dumont" N.9. O balão esférico possuía o nome de Brasil. S/D. Acervo Museu do Ipiranga. Col. Santos Dumont.

Fig. 04   Equipamento que, provavalmente, era utilizada como biruta para identificação da direção do vento ou suporte de rede para captura de insetos. S/D. Acervo Museu do Ipiranga. Col. Santos Dumont.

Fig. 05   Reservatório para gases com conexão e válvula de saída. Válvula de segurança femina com dois suportes para fixação. Reservatório de gases sobre pressão. S/D. Acervo Museu do Ipiranga. Col. Santos Dumont.

Fig. 06   Placa de madeira em forma de sola de sapato de (pé esquerdo). Comando da direção do leme da Demoiselle. S/D. Acervo Museu do Ipiranga. Col. Santos Dumont.

Fig. 07   Desenho do balão "Brasil" feito por Santos Dumont. 1903. Acervo Museu do Ipiranga. Col. Santos Dumont.

Fig. 08   Santos Dumont com o Número 5, contornando a Torre Eiffel, antes de ganhar o Prêmio Deutsch. 1901. Acervo Museu do Ipiranga. Col. Santos Dumont.

Fig. 09   Agence Meurisse. "Libellule de Santos – Dumont". Setembro de 1909. Acervo Bibliothèque Nationale de France (BNF).

Fig. 10   Campbell, P . "Up in a flying machine". 1902. Partitura Musical. Acervo Smithsonian Museum.

Fig. 11   Recortes de revistas e jornais sobre Santos Dumont. S/D. Acervo Museu do Ipiranga. Col. Amadeu da Silveira Saraiva.

Fig. 12   Capa do livreto contendo a música "A conquista do ar – cântico ao arrojado astronauta – Santos Dumont – A Glória do Brasil", de Eduardo das Neves. 1902. Acervo Museu do Ipiranga. Col. Alberto Santos Dumont.

Fig. 13   Américo Monte Rosa. "Escrínio do Coração de Santos Dumont". Acervo Museu Aeroespacial RJ (MUSAL).

FOTOBIOGRAFIA

1	"Retrato de Santos Dumont na adolescência". 1890. Acervo Museu Cabangu.
2	"Alberto Santos Dumont". 1900s. Acervo Museu do Ipiranga. Coleção Santos Dumont.
3	"Alberto Santos Dumont". 1898. Acervo Museu do Ipiranga. Coleção Santos Dumont.
4	Félix Nadar. "M. Santos-Dumont. Aéronaute". (1890 – 1901). Acervo. Bibliothèque Nationale de France (BNF).
5	Félix Nadar. "M. Santos-Dumont. Aéronaute". (1890 – 1901). Acervo. Bibliothèque Nationale de France (BNF).
6	Zaida Ben-Yusuf ."Alberto Santos-Dumont, retrato de meio corpo, de frente, sentado, com o braço direito apoiado no encosto da cadeira"(1902). Acervo Library of Congress (LOC).
7	H. Manny. "Alberto Santos-Dumont". Paris, 1910. Acervo Library of Congress (LOC).
8	Geraldo Fitz. "Santos Dumont". Acervo Biblioteca Nacional.
9	"Alberto Santos Dumont em frente à réplica do monumento de Ícaro". 03 de dezembro de 1923. Acervo Instituto Moreira Salles(IMS).
10	"Alberto Santos Dumont " (1924). Acervo Museu do Ipiranga. Coleção Santos Dumont.
11	"Santos Dumont e Yolanda Penteado, com o conversor marciano às costas, invento de Dumont". Início da Década de 1930. Acervo Arquivo Nacional.
12-13	Campbell Studios New York. "Chapa fotográfica e retrato revelado de Santos Dumont". Acervo Museu do Ipiranga. Coleção Santos Dumont.
14	"Preparação do balão de Alberto Santos-Dumont".1906. Acervo Bibliothèque Nationale de France (BNF).
15	Agence Rol. "Santos-Dumont a bordo do Deux-Amériques". 1906. Acervo Bibliothèque Nationale de France (BNF).
16	"Balão Brasil. Primeira aeronave projetada por Santos Dumont - Primeira ascenção". 4 de Junho de 1898. Acervo Museu do Ipiranga. Coleção Santos Dumont.
17	"Alberto Santos Dumont subindo na gôndola "de bolso" de seu balão esférico de hidrogênio livre, o Brasil, em 4 de julho de 1898, do solo do Jardin d'Acclimatation, Bois de Boulogne, Paris, França." Paris, 1898. Acervo Musée de l'Air et de l'Espace.
18	Jules Beau. "Partida de um balão, Jardin d'Acclimatation". Julho de 1898. Acervo Bibliothèque Nationale de France (BNF).
19	"Santos-Dumont com seu motor que estava acoplado à cesta usada nos dirigíveis nº 1-3". Abril de 1899. Acervo Centro de Documentação da Aeronáutica (CENDOC)
20	"Dirigível Nº6 ". 6 de Setembro de 1901. Acervo Museu do Ipiranga. Coleção Santos Dumont.
21	Agence Monde et Caméra. "Dirigível nº14 em Trouville". 1905. Acervo Museu do Ipiranga. Coleção Santos Dumont.

22 "O aviador Alberto Santos Dumont com a Universidade de Washington e autoridades da Exposição da Louisiana observam o recinto da Feira Mundial de 1904 da torre do Prédio Administrativo". 1904. Acervo Missouri History Museum.

23 Vanity Fair Magazine ."The Deutsch Prize". 1901. Acervo National Air Space Museum.

24 Agence Rol. "Príncipe Roland Bonaparte e Santos Dumont no Jardin des Tuileries". Paris, 1906. Acervo Bibliothèque Nationale de France (BNF).

25 "Dirigível Nº5". 1901. Acervo Museu do Ipiranga. Coleção Santos Dumont.

26 "Dirigível de Santos-Dumont em um hangar do Departamento de Transportes na Feira Mundial de 1904". Saint Louis, 1904. Acervo Missouri Historical Society.

27 "Cesto do Dirigível de Santos-Dumont em um hangar do Departamento de Transportes na Feira Mundial de 1904". Saint Louis, 1904. Acervo Missouri Historical Society.

28 "Modelo do Dirigível de Santos-Dumont em um hangar do Departamento de Transportes na Feira Mundial de 1904." Saint Louis, 1904. Acervo Missouri Historical Society.

29 Atelier Nadar. "Dirigível Nº4, detalhe". 1900. Acervo Museu do Ipiranga. Coleção Santos Dumont.

30 "Motor-portátil". 1926. Acervo Museu do Ipiranga. Coleção Santos Dumont.

31 Atelier Maurice Neumont. "Dirigível nº6". 1901. Acervo Museu do Ipiranga. Coleção Santos Dumont.

32 Atelier Maurice Neumont. "Dirigível nº6". 1901. Acervo Museu do Ipiranga. Coleção Santos Dumont.

33 "Dirigível nº9 modificado". Paris, 1903. Acervo Museu do Ipiranga. Coleção Santos Dumont.

34 "Dirigível nº9". Paris, 1903. Acervo Museu do Ipiranga. Coleção Santos Dumont.

35 "Helicóptero de Alberto Santos Dumont no hangar de Neuilly. Paris, 1906. Acervo Musée de l'Air et de l'Espace.

36 Jules Beau. "Etapas da aviação. Novo triunfo do Santos Dumont". 12 de novembro de 1906. Acervo Bibliothèque Nationale de France (BNF).

37 "Teste do "14" de Alberto Santos Dumont no Campo de Bagatelle". Paris, julho de 1906. Col. Museu Cabangu.

38 Agence Rol. "Santos - Dumont em seu avião 14 bis em Neuilly-Saint-James". 1906. Col. Bibliothèque Nationale de France (BNF).

39 "Santos Dumont transportando sua Demoiselle em Neuilly-Saint-James. 11 de novembro de 1908. Acervo Museu do Ipiranga. Coleção Santos Dumont.

40 "Agence Meurisse. "Libellule de Santos – Dumont". Setembro de 1909. Acervo Bibliothèque Nationale de France (BNF).

41 Agence Meurisse. "La Libelulle de Santos – Dumont. Issy-les-Moulineaux, fevereiro de 1909. Acervo Bibliothèque Nationale de France (BNF).

42-44 "Films de experiências de Santos Dumont". S/D. Acervo Museu do Ipiranga. Coleção Santos Dumont.

45 "Demoiselle voando nos arredores de Paris". 1909. Acervo Museu do Ipiranga. Coleção Santos Dumont.

46 "A Demoiselle rasgando estradas no céu". 1909. Acervo Museu do Ipiranga. Coleção Santos Dumont.

47 Agence Roll. "Santos e sua Demoiselle". 12 de Novembro de 1908. Acervo Bibliothèque Nationale de France (BNF).

48 "Hidroavião de Santos-Dumont durante os primeiros testes no rio Sena". 1907. Acervo Missouri History Museum.

49 Agence Rol. "Teste do hidroavião de Santos-Dumont". Setembro de 1907. Acervo Bibliothèque Nationale de France (BNF).

Copyright © 2024 Pinard

Grafia atualizada segundo o Acordo Ortográfico da Língua Portuguesa de 1990, que entrou em vigor no Brasil em 2009

EDIÇÃO Igor Miranda e Paulo Lannes
APRESENTAÇÃO Lisbeth Rebolo
PREFÁCIO Brigadeiro Maurício Carvalho Sampaio
CAPA E PROJETO GRÁFICO Flávia Castanheira, Igor Miranda
REVISÃO André Aires
PESQUISA ICONOGRÁFICA Naum Simão
IMPRESSÃO Ipsis

Dados Internacionais de Catalogação na Publicação (CIP)
(Câmara Brasileira do Livro, SP, Brasil)

Mastrobuono, Pedro
　　O legado de Santos Dumont : um voo sobre as intencionalidades complexas no acervo do pai da aviação / Pedro Mastrobuono. – São Paulo: Pinard, 2024.

　　Bibliografia.
　　ISBN 978-65-981636-3-1

　　1. Aviões - História 2. Santos-Dumont, Alberto, 1873-1932 3. Patrimônio histórico - Brasil I. Título.

24-235772　　　　　　　CDD-629.130981

Índices para catálogo sistemático:
1. Aeronauta : Santos Dumont : Vida e obra 629.130981
Eliane de Freitas Leite - Bibliotecária - CRB 8/841

Esse livro é fruto de pesquisa de pós-doutorado realizado junto ao Programa de Pós-Graduação em Antropologia Social (PPGAS-UFMS).

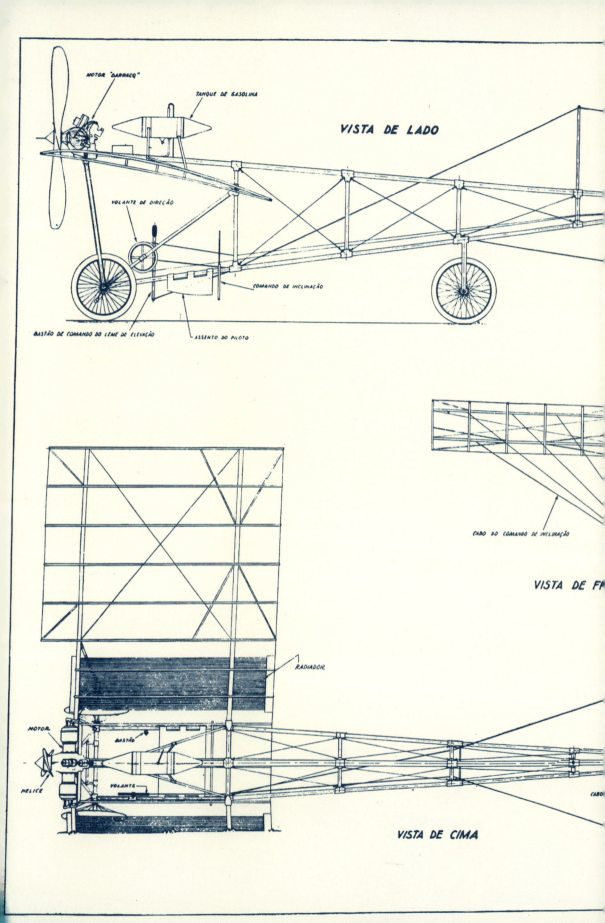

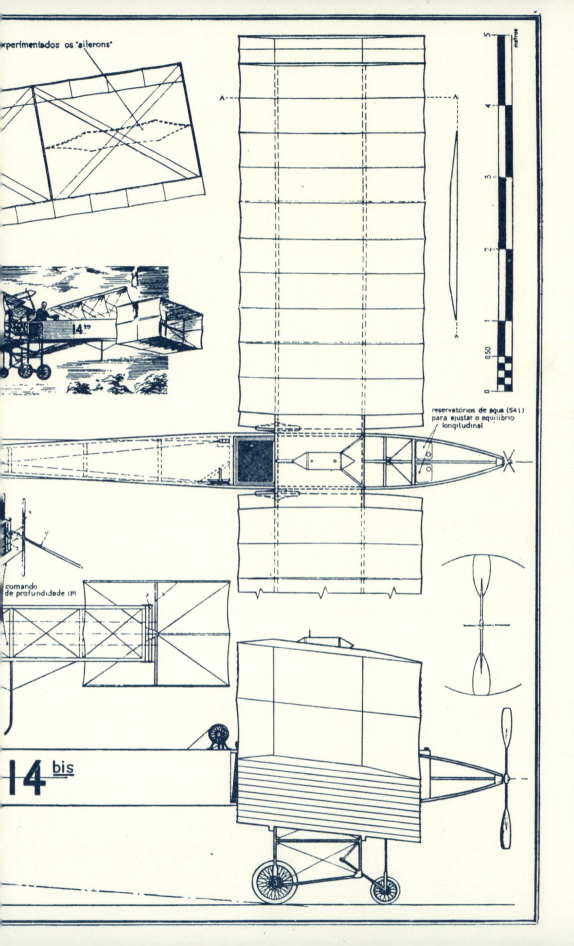